# 嘘の真理《ほんと》

La vérité du mensonge

Jean-Luc Nancy

ジャン=リュック・ナンシー

柿並良佑［訳］

講談社選書メチエ

le livre

1929年から1932年にかけて、ヴァルター・ベンヤミンはドイツのラジオのために青少年向けの番組の原稿を執筆しました。物語、おしゃべり、講演といった内容で、後に『子どものための啓蒙《けいもう》』というタイトルでまとめられました†1。

ジルベルト・ツァイは年に4回、季節ごとに開催する「小さな講演会」の名前として、このタイトルを使うことに決めました。講演会は子ども（10歳以上）と同伴する大人、両方を対象としています。毎回、大切なのはただひたすら啓発すること、目を開いてもらうことです。オデュッセウス、星降る夜、神々、言葉、イメージ、戦争、ガリレオ・ガリレイ……等々、テーマは尽きることがありませんが、ルールがあります。講演者は実際に子どもたちに語りかけ、しかもそれは形だけのことではなく、世代を超えた友情を込めるということです。

この実験がうまくいったので、話し言葉での試みを小さな本へ変化させるというアイディアがひらめいたのはごく当然のことでした。この書籍版・講演会シリーズの存在理由は以上のとおりです。

---

†1　ヴァルター・ベンヤミン（Walter Benjamin）（1892-1940年）はドイツの思想家・批評家。ラジオ番組の原稿は以下に収められています。『ベンヤミン　子どものための文化史』小寺昭次郎・野村修訳、平凡社ライブラリー、2008年。

なお、このナンシーによる「嘘」についての講演会がパリ近郊のモントルイユにある劇場で行われたときのタイトルは「嘘についての真理」となっており、対象年齢は「8歳以上」に引き下げられていました。

イラスト：田上千晶

# 目次

# 凡例

・本書は Jean-Luc Nancy, *La vérité du mensonge*, Bayard, 2021 の全訳です。
・〔　〕は訳者による補足や注記を示しています。また、†1、†2は訳注を示しています。
・書名や劇の作品名は『　』を付して表示してあります。

# 嘘の真理《ほんと》

**La vérité du mensonge**

私にとって嘘《うそ》というのは、これまで講演会で取り上げた話題のなかでも一番難しい主題ではないかと思います。子どもの考える嘘と大人の考える嘘は全然同じものではありません。子どもにとって嘘はほとんど日常的でありふれたものです。いつだって隠さなくてはいけないこと、打ち明けたくないことはあるでしょう。子どもはいつもちょっとは嘘の中で生きています。何でもかんでも話してしまうことはできないのですから。説明したくないなと思うときがありますね。追い詰められたくないこともあれば、理解してもらえないのが怖いということもあるでしょう。子どもにとって嘘には、どこか当たり前のことという感じがあります。子どもは大人にすべてを打ち明けることはできませんよね。子どもがはっきり感じているように、大人はある程度、別の世界、つまり子どもがいつか辿《たど》り着《つ》くはずの世界に住んでいるからです。ですがさしあたり、大人の世界の仕組みがどうなっているのか、よく分かっているわけではありません。子どもはまだ完全には社会の中にいるわけではないし、おそらくみんなが完全にそこにいたいと思っているわけではないでしょう。どうして自分の義務や、その他のしなければならないことを果たさない人がいるのでしょう？　それは定義上、義務が面倒くさいものだからです。私たちが従いたくない責務だからです。ですがそれだけが本当のことなのでしょうか？

嘘が持っている本当の側面、嘘の真理《ほんと》というのは単純ではありません。嘘は本当のことではない、と主張するだけでは十分ではないのです。もし私が、嘘は本当のことではないと言ったとすると、何かしっくりきません。本当でないのは嘘の内容です。ですが嘘そのもの、嘘つきが話しているという事実はたしかに本当のこと、真理なのです。私が自分の義務、そう、宿題を終えたかどうか訊《き》かれて、「はい」と答えたとしましょう。それは嘘で、私は宿題をしていない。でも私がそう話しているのは本当です。なぜでしょう？　たいていの場合、宿題をしたと言い張るのはそれが面倒だからで、そうやってどうにか宿題をやり過ごせると考えるからです。嘘をつく人、嘘をつく主体の真理とはどのようなものでしょう？　怠け者で、ずる賢いやつだってこと？　でもそれってどういうことなのでしょう？　そんなことしたくない、面倒くさすぎる、学校なんてどうでもいい。それはなぜでしょうか？　学校のことで、私という嘘つきの真理を誰が語ってくれるのでしょう？　学校なんてうんざり、だって自分には向いてないから、全然だめだから、ということもあるかもしれない。たいてい、学校というのは面白くもなければ魅力的でもありませんが、それでも十分うまくいくことはあります。もちろん授業より友達の方が好きということもあるでしょうけど。もし私が良い生徒で、宿題が終わらなくて嘘をつくことが一度くらいあっても、万事うまくいくなら、私の嘘は言い訳の余地あり、正当なものだとなるでしょう。みなさんに宿題をしないための口実を教えているのではありませんよ。でも学校にまったく行かなくなって、たくさん嘘をつく子どもは、難しい真理を抱えています。嘘をつくのは悪いことだ、となるには、宿題をしないという事実の内に何か悪いことがあるのをあらかじめ知っている必要があります。この嘘の背後に、とても込み入っていて見分けるのが難しい真理が隠れていることもありえます。というのも、もし学校には向いていないのだとしたら、何に向いているのでしょう？　家にいること？　でもそれはどんな未来に向かっているのでしょう？

ほら、嘘がすぐさま込み入ったものになることが分かりますよね。嘘とは真理を言わないことです。ですが隠されていたり形を変えられていたりする真理、嘘によって捻《ね》じ曲《ま》げられた真理はおそらく、見きわめるのがいつも簡単というわけにはいきません。子どもは一定の真理の内にいて、それは自分の歳に見合った真理ですが、すっかり出来上がった真理を含む大人の世界からすると少々異質な真理です。大人の世界にあるのは、例えば、働かなくてはならない、法律に従わなければならない、私たちが生きている社会や国の規則に従わなくてはならない、といった真理です。同時にまた、めまぐるしいほど数々の嘘が非難され真理が公表されるという激流に、私たちの世界がたえず飲み込まれていることは、みなさんもご存知のとおりです。フランス・アンフォ〔ニュース番組専門のラジオ〕の放送を二時間も聴けば、嘘と真理についてたくさんのことが話されているのを耳にするでしょうけど、ただし、今のような言葉づかいとは違っているかもしれません。なぜ嘘は深刻に非難されるのでしょう？　なぜ嘘をつくのは悪いことなのでしょうか？　SNCF〔フランスの国有鉄道会社〕の改革をめぐって嘘をついているのは誰でしょう？　エルサレムのアメリカ大使館開設〔二〇一八年五月一四日、テルアヴィヴから移転〕のとき、パレスチナの状況はなぜこれほど悪化していたのでしょうか？　トランプ氏はハマースの扇動者たちを非難していますが、他方、パレスチナとイスラエルの関係をめぐるこれまでの交渉の中で約束されたこと、その肝心な点をすべてトランプ氏が完全に裏切っていると主張する人々がいます。ところがその同じトランプが同時にまた、両国間の平和を追求する以上に大事なことはないと宣言しています。これは嘘なのでしょうか？　現代世界で公的な責任を担うなら、これはいずれにせよ言わなければいけないことです。戦争を望んでいるなどと主張する人はいません。同じくトランプが北朝鮮を脅したときには、頭上に原子爆弾を落としてやるぞと非常に危険な報復をちらつかせていましたが、彼はおそらく嘘をついたのでしょう。そんなことはしないと分かっていたのですから。大人の世界には、つねに真理をめぐる不確かさの中で暮らすという生き方があります。もちろんある程度のことは知っているにしても、です。例えば、二×二＝四ですね。でも基本的な真理とはどういうものなのかさえ、私たちはおそらく知らないのです。なぜ二×二は四になるのでしょう？

それに答えるには、数と計算をめぐる哲学の内に飛び込んでみる必要があるでしょう。真理はただそこにある何かではありません。このボトルにはたしかに水が入っていますが、でもそれが何の役に立つのでしょう？　ペットボトルの水については、何が本当のことなのでしょうか？　あるいは一日に何度も肉を食べることや、どの肉を食べるか、これらについてはいったい何が正しいと言えるでしょう？　みなさんはしょっちゅう、これは食べちゃダメ、あれを使っちゃダメ、なんて言われていますよね。私たちは、様々なするべきこと、してはいけないことを目の当たりにします。私たちは鶏肉やトマトとどんな風に関わってきたのでしょうか？　どれだけの殺虫剤や抗生物質を使ってきたのでしょう？　こうした物質はどのようにして健康を脅《おびや》かしたり、そうでなかったりするのでしょうか？大人の世界では本当のことは簡単には示されませんし、明らかになりません。とはいっても嘘が普通のこと、当然のことというわけではありませんよ。さっきの問いは技術や経済のいくつかの仕組みに関する、とっておきの問題なのです。私たちが嘘を糾弾することにこんなに馴染《なじ》んでいるのは、嘘が避けがたいものだと知っているからで、同時にまた、そもそも生きていく中で大切なのは真理のはずだと知っているからでしょう。

それでは嘘〔mensonge《マンソンジュ》〕という言葉の意味から出発しましょう。フランス語の多くの単語と同様、これもラテン語から来ています。mentiri《メンティーリー》という動詞で、嘘をつくという意味です。mentiri はもう一つのラテン語、mens《メンス》に由来し、こちらは精神・心を意味します。嘘とは関係ないフランス語、「精神の〔mental《マンタル》〕」という形容詞の中にこのラテン語があるのが分かりますね。精神とは、私たちの気持ちの状態、つまり注意したり意志したり欲望したりする何かを示しています。嘘は言葉を越えて精神の内に生じ、言葉が外に向かって語ることとは内面で矛盾します。もし私が宿題をやっていないのにやったと言い張るなら、私はなんらかの気持ちの中にいるはずですし、その気持ちを主張するためにはある程度力が必要になるはずですが、一方で私はそれが間違っていることを知っています。嘘をつくには力が必要です。それが精神の状態に関わる問題だからです。私は本当のことを隠したいこともあれば、その形を変えたいこともあります。もし「そのような精神状態にあること」を意味したはずのラテン語の動詞〔mentiri〕が「嘘をつくこと〔mentir《マンティール》〕」になったのだとすれば、嘘の精神状態というのはとても強いことになります。上手く嘘をつくにはある程度の力が要求されます。嘘をつくのに失敗することだってよくあるでしょう。いつだったか、私は部屋にあった暖房のそばの加湿器に体温計を入れて、熱が出たと母に思わせようとしたことがあります。ところがお湯が少し熱過ぎて、母は私が三九度も熱があるとは信じませんでした。結局は自業自得で、学校に行く羽目になったわけです。嘘をつくには色々と計算に入れておかなくてはいけません。人は嘘に力を注ぎ込みます。知らず知らずに嘘はつけませんから。もしみなさんがそうとは知らずに何か間違ったことを言ったのなら、それは嘘をついたわけではありません。嘘をつくには強い精神状態が必要であるだけでなく、嘘には深刻な形が様々に存在します。私は嘘をついて罪悪感や責任を他の誰かに押し付けることもできるのですから。

　嘘の本質は、何かを隠すという点にもみられるでしょう。ですが、ときには誰か他の人が噓によって告発されることもあります。その場合、噓は攻撃的で、他人に何かを押し付けています。私は一度、両親が砂糖漬けにしておいた果物を盗《と》ってしまい、それを否定したことがあります。当時、私には妹が一人いたので、盗ったのは二人の内どちらか。責められたのは妹でした。私はこの噓を自慢しているわけではまったくありませんよ。自分じゃない、と言いながら、私はそうすることで妹に責任がふりかかるのを十分に知っていたのです。この噓は宿題をやっていないときの噓と同じではありません。この場合に噓が深刻なのは、私が自分を守るため、罰せられないために噓をついているからで、なんとこの防御は他の誰かを責めればより万全となるように見えるのです。もしかすると他人を非難することには何らかの快感があるのかもしれません。

噓は他人に対する悪い駆け引きに対応しているわけですね。さらにまた別の種類の告げ口があります。裏切りです。裏切るとき、私たちは誰か他の人に対する約束を守っていません。仮に私の妹が砂糖漬けの果物を盗ったのであって、かつ、親に向かって子ども同士信頼し合って連帯しているのに私がそれを言おうとしていたなら、この告げ口は妹に対して攻撃的なものになってしまったはずです。宿題をしていないと嘘をつくのは、ただ自分が怖いから、自分を守りたいからというだけのことです。砂糖漬けの果物の嘘は私と他人の関係や、その後ろに隠れている損得をめぐるものであって、こちらの嘘は他人への攻撃にもなりうるんです。

隠蔽《いんぺい》と告発に加えてもう一つ、嘘のつき方があります。今度は何かを隠すためではなく、自分を価値ある人物にするため、承認を得るためにつく嘘です。小さい頃、私の父は仕事でよく飛行機に乗っていました。六五年前、飛行機に乗るというのはとても珍しいことでしたから、自慢の種でした。それだけでは飽き足らなかったのでしょうか、私は友達に、父が飛行機の翼につかまって旅行をしているという話をしはじめました。この嘘の影響はたいしたものではありませんでしたが、私は人から気に入られよう、目立とう、優位に立とうとしていたのです。どうして気に入られる必要があったのでしょう？　多分、劣等感があったのでしょうね。みなさんもこうした競争のための嘘は知っていると思います。例えばゲーム機でも、こっちの方があっちより性能が良いなんて言い張ったりするでしょう。この種の嘘は大人たちの間でもみられます。私たちはどこか駆り立てられるようにして自画自賛したり、出しゃばってみたり、人の気を引こうとしたりします。嘘にはつねにこういう損得、利害関心の問題が込められています。私たちは追い詰められないようにする方が得になりますし、他の誰かを責める方が得です。あるいは人の気を引きたいとも思うでしょう。嘘をつくとき、私たちの目的は隠しておきたい何かを守ることから、行き過ぎた自己主張へと明らかに移っています。

だからこそ権力が問題となるやいなや、嘘はじつに避けがたい道具となるのです。政治家はたえず嘘をついたと責められています。私たちは国家の首脳陣に対し、以前の約束が果たされていないとたえず非難しています。政治家は過去に嘘をついたか、あるいはいま嘘をついているか。いずれにしても約束したことを果たしていないのです。権力のある地位につくためには、必要とされていることをするつもりであること、権力を正しく行使するつもりであることをまず最初に確約しなければなりません。今日《こんにち》、エマニュエル・マクロンが金持ちのための大統領であることは至るところで言われています。この非難に対する答えはこの上なく巧妙で、金持ちは大統領など必要としていない、というものです。金持ちには自分たちの富それ自体によって権力がある。

みなさんは毎日スマートフォンで宣伝や広告を受け取りますね。嘘をついて興味と注意を引こうという作戦です。正真正銘の嘘というものがどこで始まりどこで終わるのかを知るのは、いつも簡単とはかぎりません。どんな広告も、売ろうとしている商品が他よりも良いものだと言います。ホテル三泊付きのモロッコ旅行があるというので行ってみたら、ホテルがひどかったなんてこともあるでしょう。一杯食わされたんですね。この種の嘘では、嘘つきが私たちをまんまと騙します。広告を出すのは、人の関心を引いて何かを手に入れたいからですが、結局は尊敬や称賛を得ることと、お金を得ることはそれほど違ったことではありません。ここまで確認してきたことはすべて、嘘を排除するのが難しいことを示しています。

でも子どもの嘘と大人の嘘、すべての嘘の背後には何があるのでしょう？　私たちは信頼していないかぎりは嘘をつきます。今日ここに来るとき、私はちょっと遅刻してしまいました。地下鉄を乗り換えるときに〔隣同士の〕レオミュール・セバストポル駅とストラスブール・サン・ドゥニ駅を間違えてしまって、すっかり回り道をしなければいけませんでした。このままだと遅刻すると思い、〔講演会の主催者〕ジルベルト〔・ツァイ〕になんて言ったらいいだろうかと考えました。嘘をつく誘惑が頭をよぎってもおかしくないですよね。地下鉄が止まってしまった、とか。でもジルベルトには本当のことを言いました。他の状況だったら嘘をついているかもしれません。その時々の状況にもよります。あまりに悪い印象を与えないようにしたり、招待してくれた人々に対してぞんざいな態度を取っているように見えないようにしたりする必要がある場合です。私の遅刻が地下鉄の故障のせいだという作り話をすることが、たとえ実際にはたいした結果をもたらさなくても。ですが、もし作り話をするとしたら、些《さ》細《さい》とはいえ余計なことをしているのが自分でも分かっているわけですし、相手を完全には信頼できない人物だと考えていることになります。

もし私が十分に誰かを信頼しているのなら、その人には本当のことを言います。

嘘をつくときは、誰かへの信頼を引っ込めているのです。みなさんが完全に親を信頼しているなら、授業で学んだことをしっかり覚えていなくても正直に打ち明けられますよね。みなさんの親がそれを聞いてうまく答えられないこともあるでしょうけど、親の方だってみなさんがどうにかうまくやってくれるだろうと考えているかもしれません。嘘をつかないと危うい状況になることもありますが、その場合の危険はおそらく、嘘の作り話をして後でばれてしまうよりは小さいでしょう。嘘は信頼関係次第、と言えます。子どもが大人を完全には信頼しないのも、また逆に、大人が十分に子どもを信頼しないのも普通のことです。もしみなさんが宿題をしていないのにしたと言ったら、親への信頼を少し取り下げていることになります。これは完全に無邪気というわけではないですね。純粋無垢な嘘というものは存在しません。嘘をつくと他人との関係の中で何かが傷つけられます。でもだからといって、嘘つきとしての私にとっての本当のこと、宿題をしないことの理由になっている私の真理が、そう簡単に明らかにできるものでないことに変わりはありません。それでもやはり私たちは、嘘をつくのが悪いことだと知っています。私が若かった頃は、「行儀が悪い〔vilain《ヴィラン》〕」という言葉がよく使われていましたね。

ですが、嘘をつくのが良いことになりうる場面もあるでしょう。例を挙げてみましょうか。誰かが窓から教室に爆竹を投げ込みます。先生は誰がやったのか訊《き》く。みんな犯人を知っている。自分たちの友達がやったとばらすか、罰としてみんな居残りさせられるか、どちらかです。ある意味、告げ口しないでいる方が良いのでしょう。でもそれは嘘をつくことになります。よく覚えていますけど、中学校の校長が私たちを一人ひとり呼び出して、張本人の名前を言うよう要求したのです。私たちは拒否したので全員居残りする羽目になりましたが、自分たちとしてはそれで満足でした。これにはあいまいなところがありますね。どんちゃん騒ぎしていいよというわけではなくて、連帯の方が大事なときもある、と言いたいのです。連帯には互いに互いを信頼すること、互いを頼りにしあうことが含まれています。もしクラスの誰かが他の生徒のことを告げ口したら、そのグループのメンバー同士の信頼関係は壊れてしまいます。こうした状況はとても複雑です。私たちが今こうしているときも、アフリカや中東の国々から、深刻な経済的・政治的問題のために多くの難民がフランスにやってきています。ところが、フランスでは難民の保護は認められていません。難民を非合法に保護し匿《かくま》ったことで逮捕された人々もいます。本当の真理はどこにあるのでしょうか？　こうした難民のさまざまな歴史において、彼らが自分の国を捨ててフランスのようにどこかの国に辿り着くのを強いるほどのひどい問題においては、真理は重く、厳しいものです。他方、難民の保護が法律で禁じられていること、そして何が起きているのかをフランスは知る必要があること、そうしたことは理解できます。それでもやはり、難民を保護している人々が今、ここにある難民問題をより目に見えるようにして、この問題にどう対応することができるのかという問いを提起していることに変わりはありません。こういった場合には、簡単に白黒つけるわけにはいかないのです。

仮に政治家がこう言ったとしましょう。「皆様に本当のことを言いましょう。何もうまくいっておりません。ですので、この状況からどのようにして抜け出すことができるか、正確にご説明いたします」。この人は選挙で当選すらできないでしょうね。政治家というのはいったいどこまで、またどのように、本当のことを言わなければいけないのでしょうか？　そしてまたどんな真理を？　フランス語で「政治屋の政治〔la《ラ》 politique《ポリティック》 politicienne《ポリティシエンヌ》〕」という不条理な表現を思いついた人々がいます。政治家が裏工作することしか考えず、自分たちの目的を果たすために嘘をついてばかりいることを指します。男性であっても女性であっても政治家の大部分はそんな次元でまとめられはしませんけど。おそらく権力欲というのもあるのでしょうが、社会と集団のために何かをしたいという欲求もあります。先ほどのような政治家は話しかける相手を信頼しないだけでなく、誰のことも信頼していません。その政治家は専門家と呼ばれる人たちのことは信頼できると考えていますが、しかし専門家は専門家でしかありません。たいてい、ある専門家には別の専門家を対立させることができます。責任をもって集団を運営することが問題となるやいなや、たぶん私たちは決して自分たちを信頼することができないのです。いったい、自分を完全に信頼するとはどういうことなのでしょうか？　それはちょっとどうかしているのではないでしょうか？　歴史上の名だたる独裁者や暴君はおそらく、自分への信頼や確信の問題を自分自身に向けてみたことはなかったでしょう。そのような態度は、とてつもなく愚かな行動と紙一重になってしまうこともあります。

信頼〔confiance《コンフィアンス》〕とはなんでしょう？　それは誰か・何かを信用すること〔se fier《スフィエ》〕です。フランス語では「婚約〔fiançailles《フィアンサイユ》〕」と「信仰〔foi《フォワ》〕」という二つの言葉に信用という考え方が含まれています。かつて婚約は今より一般的であって、結婚に先立つステップでした。二人の人が結婚するという約束を交わし、自分たちの信頼を互いに認め合います。古いフランス語では、「自分の誓いを与える〔donner sa foi《ドネサフォワ》〕」という言い方をしていました。私たちは誓い〔＝信仰（foi）〕が宗教に属しているものだと考えがちですが、誓いは「信念〔croyance《クロワイヤンス》〕」の同義語ではありません。まったく別のことです。誓いというのは、自分でもたしかな保証を持たない何物かを、他の人に対して確信させることです。それは信じること〔croire《クロワール》〕とは違います。私たちは神を信じるとき、どこかに髭を生やした老人がいて、この世界で起こるすべての出来事の運命を司《つかさど》っていると考えています。誓いはこれと全然違っていて、いま触れた神のイメージをすべて疑うところまでいってしまうこともあります。我らが西洋世界における三つの一神教〔ユダヤ教・キリスト教・イスラーム〕の偉大な神秘主義者たちによれば、神は彼らに対して自分を信じないよう望んでいたというのです。信頼《コンフィアンス》は、一般的に子どもが親やまわりの大人に対して向けるものでもあります。子どもにとって、大人が責任をもって自分の面倒をみてくれると感じられることは大切ですから。ということは、大人になるというのは、誰か他の人を信頼する可能性を失うということなのでしょうね。大人になると、信頼《コンフィアンス》は先ほどのような信念《クロワイヤンス》や、政治家の演説や恋愛に取って代わられてしまいます。恋愛するというのは、全面的に信頼を委ねるということですから。欠点がある人を好きになるということはありますけど、だからってその人を信用しなくなったりはしませんね。身を任せるくらい人を信頼するときにはいつでも危険が伴います。誰かを好きになったら、安心して「もうこれで大丈夫」なんて思ったりできないでしょう。結婚するかどうかはともかく、とても長い間いっしょに過ごすというのは、たぶん信頼関係が確立されるから可能になるのでしょう。信頼関係はいつだって多少は周りが見えなくなるようなものですけど、保証を求めたりはできないですからね。信頼は真理を摑《つか》んでいると主張しないのに対して、嘘の方は、それが隠している真理を摑んでいると信じています。さっきの「婚約［fiançailles《フィアンサイユ》］」と「誓い・信仰［foi《フォワ》］」という言葉は、ラテン語のfides《フィデース》に由来しています。このfidesからは、また別のフランス語、「信用発行の［fiduciaire《フィデュスィエール》］」という言葉が生まれました。これは、それ自体は価値がないのに一定の価値を表す貨幣を指します。金銀や宝石の役目を紙幣や硬貨や小切手が受け継いだとき、貨幣は信用発行されるものとなりました。今日《こんにち》使われている貨幣はもはや紙ですらなくなりました。デジタル通貨ですね。信用貨幣に価値があるのは、その価値を私たちが信頼するからです。ある意味では、私たちの経済すべてが信頼に基づいていると言えます。ユーロの流通が始まった頃は、フラン紙幣を銀行などに持っていけば同じ額のユーロを受け取ることができました。このフランには一定期間は価値があったのですが、その後この紙幣には何の価値もなくなりました。私たちの扱う貨幣つまりお金はすべて、巨大な管理システムによって硬貨や紙幣のイメージに与えられた信頼があってはじめて価値のあるものとなります。これもまた、お金がそれ自体では何の価値もないものである理由ですね。お金は価値のない紙や金属でしかなく、あるいは情報を記憶しておくメディアに書き込まれた記号にすぎません。カール・マルクスの表現を使うなら、お金とは「一般的等価性」です。つまりそれによってあらゆるものを他のあらゆるものと交換できる、ということです。この一般的等価性を支えている信頼システムが維持できるのは、生産と取引が当のお金に価値を与えている限りでのことです。恋愛の場合でも信用貨幣の場合でも、信頼は簡単に得られるものではなく、信じることが求められます。といっても、幻覚でも見ているみたいにすっかり信じ込んで安心してしまうという意味ではないですよ。ところがお金の場合、私たちは毎日、幻のような確信にとらわれています。たしかに一〇〇〇万ユーロ〔現在およそ一六億円〕あったら、たくさんのことができるでしょうけど、このできるという能力とか権力はいったい何に関係しているんでしょう？　また、恋愛して相手を信頼するときにも、まさしく私たちを惑わせ狂わせるほどの何かが含まれています。もちろん本当の愛は必ずしも心ここにあらず、という状態にはならないですけどね。恋愛と愚かさの似ているところはたくさん挙げられますが、何でもかんでも一緒にするのはやめておきましょう。

信頼はほとんど矛盾するようなことを、矛盾ではないにしてもとにかく結び付けがたいことを要求しているわけです。一方では保証がないということ、つまり確信の得られない確信、そして他方では、何が本当なのかを自分で問うことができること、この二つです。どこかに隠されている真理を捜査して見つけるということではありません。そうではなくて、真理が限りのあるもの、輪郭のはっきりしたものとして示されることはおそらく決してない、ということを知るのが大切なのです。たぶん真理は決してすっきり見渡せるものではなく、反対に、何かをすぐに信じて騙《だま》されないように注意しなくてはならないのでしょう。ところがさっき言ったように、私たちは広告を目にするとすっかり信じてしまったりする。このゲーム機は他のより一〇倍もすごいんですよ、とか言ってるのを聞いてね。

さて先ほど話した嘘の中にある本当のこと、嘘の中の真理についてはどう言えるでしょうか？

最初の例では私自身にとっての本当のこと、どうして私があれやこれやを隠すのか、その理由が大事でした〔一〇頁〕。このような真理は、仮にそれを見つけることが重要になった場合でも、見つけるのがとんでもなく難しいかもしれない。でも同時に、嘘つきにとっての真理はあります。実際にその人は嘘をついていて、そこへ向かって本当に押し流されているんだから。私の真理は必ず私の強い欲求の内にあるのでしょうか？　明らかに違います。なぜって、私たちの欲求、欲望、願い、期待といったものは、自分のできることや、そうなりたいと思う自分の姿にぴったりと当てはまるとは限らないからです。もちろん、子どもはまだまだ成長して、大人にならないといけません。言い換えれば、社会の中に立場を確立し、自立しなければならないのです。そこに辿《たど》り着《つ》くには、知的、職業的、人格的など、様々な面で教育を受ける必要があります。子どもは自分にとって何が良いのか、一番よく分かっているわけではありません。とはいっても、大人、親、教育システムだって、どの子に何がふさわしいのか判断するのにいつも最適な立場にいるとは限らないのです。仮に私が読んだり書いたりしたくない、としましょう。なかなか読み書きができるようにならない子もいますよね。きっとそういう子どもたちの心の奥底には、社会に入るという考え方そのものを拒否し、拒絶する何かがあるのです。ところが、これはこの上なく危険です。だって二五歳になって読み書きができなかったら非常に深刻な問題に突き当たりますよね。隠蔽するための嘘は、真理に対抗して本当に保護され秘められているものは何かという問いを大いに開きます。人は真理に対して自己防御するのです。こうした理由から、嘘はとりわけ子どもにとって重要で目に見えやすいわけです。子どもが、自分にとって何が良いことなのかまったく分からない、正確に知ることができないというのはごく当たり前ですから。携帯電話を持つこと、ほうれん草を食べること、夜八時には寝ること、といったことは良いことですか？　子どもは何かが自分から逃げていってしまうことを受け入れざるをえませんが、でも受け入れるためには信頼を持つことが必要です。隠蔽するときの嘘は、信頼が足りないことに基づいているのかもしれません。目の前にいる他人たちは私を十分に信頼していない、そう感じていて、だから私もまた信頼しない。真理はどこにあるのでしょう？　誰が誰を信頼していないのでしょうか？　最初にそうしはじめたのは誰？　こうしたことは親と子ども、教師と子どもの間で起こることですし、友達同士のグループでもありえますよね。誰が始めたわけでもない、というのは間違いないでしょう。いつでもそれは相互的で、私たちは常にお互い関係し合っています。信頼関係が壊れ、駄目になってしまうと、当事者の二人はその状況に直面して、自分たちの間をどうにかしなければならなくなります。真理は片方の人の願望の内にあったり、もう片方の人が見せる抵抗の内にあったりするわけではないのです。

嘘は根本的に、まさしく他人への関係なのです。他人との関係の中では、ときに嘘をつくよう求められることもあります。信頼するための条件が揃っていないからです。難民を匿《かくま》うべきか警察に突き出すべきかという例では〔二四頁〕、様々な理由、損得勘定や力関係のために、信頼の条件は揃っていませんでした。社会のすべての人の間で十分に信頼関係ができていれば、難民問題という現象が繰り返されることはないはずです。だからこそ、法廷で証人は真実を言うことを宣誓します。真実のすべてを、真実だけを言うことを。真実のすべて、真実だけ、とはどういうことでしょう？　事実が問題なら話は単純です。ところが、ある事実を話し、描写し、説明するときのやり方次第では、事実の性質そのものが変わってしまいかねません。嘘とは関係が断ち切られることです。ただし、信頼関係が築けないので他の関係が必要だという場合は話が別ですけど。〔自分で自分に嘘をつくときのように〕私だけが関係していて、嘘をついているという場合でも、嘘は関係の切断ですよ。宿題のことで親に嘘をついたら、翌日は先生にも嘘をつかなければならなくなって、ほら、そこが注意のしどころですよ。一度、私は先生に対して、前日に祖母が亡くなったから宿題ができなかったと言ったことがあります。完全にでまかせです。後になってから、自分は馬鹿だ、おばあちゃんを何度も死なせることはできないのに、と思いました。あるはずの信頼関係を壊してしまうのは、そう単純なことではありません。でも、その信頼関係は道徳的な行動とはまったく違いますよ。もしも最低限必要な信頼がなければ、みなさんはここに来ていないでしょうし、私はみなさんに話しかけることができないはずです。私たちが互いに話をするときには、お互いを信頼しているのです。それでもなお、話し手が嘘をつく可能性があるのも分かっています。みなさんは私が話していることについて疑問を持ち、嘘をついていないかどうか疑うことができますよね。私はみなさんに対して真実のすべてを、真実だけを話すと誓うことはできません。ですが、もし言葉を話す行為の内に真実味を帯びた何かがなかったら、私たちは話すことなどできなくなります。話す行為は真理の内にあってはじめて可能なものです。こうした言語活動はまた真理の姿を変えるものにもなります。真理は実際に起こるものごとの真理ではありません。宿題をしなかったとか、砂糖漬けの果物を盗ったとか、父が飛行機の翼に乗らなかったということが重要というのではないんです。真理は何か別のことです。真理というのは、私が話すとき、私が他人の信頼を求めていて、その信頼がすぐに得られるということです。このような信頼が、私たちが人間であり、話す存在だという単純な事実に絶対必要な条件となっているのです。

最後に、嘘の特徴としてよく挙げられる二つの形を取り上げておきたいと思います。一つは間違っていて、もう一つは正しいものです。一つ目はフィクションのことですが、それはサイエンス・フィクションのことだけではないですよ。文学もすべてフィクションと呼ばれますし、文学でなくても、映画、演劇、あらゆる創作がそう呼ばれます。ラテン語だと「フィクション」の元になった言葉〔動詞 fingere《フィンゲレ》 および名詞 fictio《フィクティオ》〕は嘘ではなく、何かを製作すること、粘土などを捏《こ》ねて形を作ることを意味しています。小説、映画、演劇は嘘なのでしょうか？ そんなことはありません。映画を観るとき、これは本当じゃない、こんなの作り話《シネマ》だ、ありえないよ、と思ったりしますよね。ときには本当であってほしいと願ったりもするでしょう。フランス語では「映画《シネマ》」も「小説《ロマン》」も、偽りの物語、作り話を指すのに使われる言葉です。でも作り話はあくまで創作として生み出されます。作り話では何かが語られますが、その何かが本当に起こったと主張されることはありません。そう主張されるときにいつも問題になるのは——実際の出来事を書いた物語や映画にした物語もあるわけですから——、起こったことを、本当のことをまるごと保ったまま語ることができるのかどうか、という点です。たぶんこの問いに答えは存在しないでしょうね。小説や映画は、驚くべき視覚効果を使って、ありそうもない架空の状況を語るためだけに考え出されたものではないですよね。破滅的なシナリオにあるように巨大ロボットが地球を侵略する、というような。だとすれば小説も映画も現実について、つまり人々の生活の中で起こることの真理について、何かを言っているはずです。それは嘘どころか、まったく反対のことです。すなわちフィクションは偉大なる文化の一部、文学や映画の一部になっている。もう一度言いますけど、偉大な文学や偉大な映画と呼ばれるものは、私たちに対して目眩《めくら》ましをしようとしているわけではありません。目を眩まされているとき、みなさんは信頼の気持ちにつけ込まれるのと同時に、じつはそれほどつけ込まれているわけではありません。だってそれが偽りだということはご存知なのですから。映画を観ている間、怖がったり、興奮して夢中になったりしますよね。でもそれが非現実的で、衝撃を与えるものじゃないことは知っています。反対に、物語がみなさんに強く訴えるとき、そう、楽しんでいる内容とみなさん自身の関係を強く感じるとき、そうしたときにフィクションに備わっているのは、日常生活での信頼関係とは別の種類の信頼になります。フィクションはみなさんを信頼し、みなさんはフィクションを信頼しているのです。

　さて、二つ目の特徴はイデオロギーに関係します。かつて、イデオロギーという言葉の意味は今よりずっと嘘に近いものでしたが、今日《こんにち》、真実を示し、万物を説明するとみなされているアイディア〔フランス語でidée《イデー》〕を組み合わせた大掛かりなセットはすべて、イデオロギーと呼ばれます。イデオロギーとはアイディアが集まって体系《システム》になったもののことで、一般に「〜主義《イスム》」という語尾が付いた単語で示されます。例えば「キリスト教〔christianisme《クリスティアニスム》〕」とか、「共産主義〔communisme《コミュニスム》〕」とか。でも「〜イスム」で終わる単語がすべてイデオロギーだということではないですよ。「陸上競技〔athlétisme《アトゥレティスム》〕」みたいにね。「〜イスム」という接尾辞が指すのは何らかの集合体で、集合体というのは多かれ少なかれ、組織されうるものです。「陸上競技《アトゥレティスム》」はイデオロギーではなく、何らかの種類のスポーツに属している活動の集合を指す名詞です。そうではあるのですが、もし、健康でいるためには一生涯、絶対に陸上競技《アトゥレティスム》を続けなければいけない、ということが陸上競技の目的になってしまったら、これもイデオロギーになってしまうでしょう。ですが、もし私が「ナショナリスム」という語を口にしたら、話はまた別です。陸上競技《アトゥレティスム》は「世界全体がアスリートのものだ」なんて言いませんよね。これに対してナショナリスムは、国民《ナシオン》・国家・民族という価値がそれ以外の価値に勝るもので、その国の政治や道徳をまるごと制御しなければならないのだと言います。このとき一つの問題に突き当たります。ナショナリスムはまた、民族対立と戦争に行き着きかねないからです。こうしたイデオロギーに関する言葉はもっと詳しく検討しなければならない多様性を覆い隠してしまいます。これは現在、「イスラーム†1（原理）主義〔islamisme《イスラミスム》〕」という言葉を使うときに、私たちがしがちなことです。今日、この言葉は私たちがイスラームを解釈し、利用するときのある

†1　日本語では「イスラム教」という言い方が広く使われていますが、「イスラーム」という言葉自体に「神の教え」という意味が含まれているので、ここでは重複を避けて後者の言い方で訳しています。イスラームを信仰する人は「ムスリム」と呼ばれ、日本で長く「コーラン」と呼ばれてきた聖典は、より原音に近く「クルアーン」と呼ばれることが多くなっています。

特定の方法を指すためにだけ使われます。これに対して多くのムスリムが、私たちがイスラミスムとイスラームを混同していると言っているのはまったく正当なことです。また、哲学者という私の仕事ではよくあることなんですけれど、「〜イスム」が哲学者の名前から作られます。古代ギリシアのプラトンから「プラトン主義〔platonisme《プラトニスム》〕」ができたみたいに。そうした「〜イスム」は必ず、何か軽率なことを言ってしまいます。だってプラトンは唯一の物とか塊《かたまり》ではないですから。実際にはプラトニスムというのはその他すべての「〜イスム」と同じく、いわば包括的なイメージで出来上がった構築物であって、そこにプラトンのものだと想定された特性が与えられているのです。ですがこれは決して本当ではありません。哲学者である私たちは、プラトンはプラトン主義者《プラトニスィアン》ではなかった、デカルトはデカルト主義者《カルテズィアン》ではなかった、と言わなければ駄目です。思想はいつでも、厳密で、具体的で、独自のものだからです。独自〔personnel《ペルソネル》〕と言っても、その思想が個人の人格〔personne《ペルソヌ》〕に由来するという意味ではなくて、読む必要のある厳密なテクストに由来するという意味です。同じように、キリスト教《クリスティアニスム》が話題になるとき、ローマ教皇とかルターとかモスクワ総主教のことが思い浮かぶこともあるでしょうけど、むしろきちんと読まなければならないのは福音書でしょう。ですからイスラミスムと口にする代わりに、クルアーンを読む必要があるのです。

一般的に言うと、「〜イスム」で終わる単語は様々なアイディア、原理原則、考え方の集合体を指していて、それらはひとまとまりの塊の見せかけをしているので、人々は細かく考えずに賛同してしまいます。大人たちは例えばこんな風に言うでしょう。「私は楽観主義者〔optimiste《オプティミスト》〕です」、「私は進歩主義者〔progressiste《プログレスィスト》〕」、「自分は人種差別主義者〔raciste《ラスィスト》〕じゃありません」。ある人が自分は人種差別主義者ではないと主張しているのに、人種間の優劣に関する判断を体系的に用いて行動し、実際には差別主義者になっている、ということはありえます。完全無欠な体系《システム》として機能することを目指すすべてのものに対して、それが意図的かどうかはともかく、嘘なのではないかと疑ってかかる必要があります。体系があまりに硬直化してイデオロギーに変わってしまうのには、私たちの意図や意志がたいてい一役買ってしまうのだとしても、です。今日、イデオロギーはおそらく、必ずしも意図されたものではない嘘がとる形の一つですが、しかしそうした嘘の目的は大きな集合体で私たちを包み込むことであって、この集合体もやはり、風船のように膨れ上がって何か大きなアイディアがあるかのように見せかける空理空論なのです。たしかにそれは常に意図的なものとは限りませんが、しかし他方ではこうした言葉を信頼する人たちもいます。そういう人々はみんなに嘘をついていて、自分たち自身にも嘘をついているのです。

安心を求めようとしてはだめです。それはたぶん非常に難しいことです。私たちはいつでも安心や確信を得る必要を感じていますからね。カントという大哲学者の言ったことですけど、ある日もし地球が同時に花と氷で覆われてしまったとしたら、あるいはもし、一つの同じ物体が重くも軽くもあるということになったら、私たちは途方に暮れてしまうでしょう。[†2] たしかに色々と確信できることは必要です。でも確信したい、安心したいという欲望や欲求に騙《だま》されてはいけません。そんなとき私たちはすぐ信じやすい状態、そう、嘘の内に飛び込んでしまうからです。信じやすさは多くの場合、イデオロギーの養分となります。嘘はいつでも自分自身を安心させるための誘惑です。あるいは、自分を守り、自分を立派なものに見せるため、またイデオロギーの場合には、自分に確固たる強さを与えるための誘惑ですね。このような自分自身への確信こそが常に嘘の核心にあり、また嘘をじつに壊れやすいものにもしているのです。言ってしまえば、とても多くの嘘がまかり通り、力を揮《ふる》っています。たとえ最後の最後には嘘というものは決してうまくいかないのだとしても。ただ、最後の最後というのはとても長くかかるものかもしれません。自分自身や他人に嘘をつきすぎても常に悪い結果になるとは限りませんし、必ず罰せられたり、居残りさせられたりするわけではありませんが、しかし問題なのは罰を受けるということよりも、他人との関係の中で何をするべきか知ること、他人と一緒にいてどんな意味がある

†2　イマヌエル・カント『純粋理性批判』、初版（通称A版）の一〇〇―一〇一頁に同様の例があります。

のかを知ることなのです。今も私たちは他人と一緒にいますね。仮に私たちがみな一人ぼっちだったら、嘘をつく必要も、本当のこと、真理を言う必要もないはずです。嘘や真理、そうしたことはいっさい存在しないはずですから。

＊この小さな講演会は二〇一八年四月七日に新モントルイユ劇場で、二〇一八年五月一六日にグルノーブルのＭＣ２〔文化センター〕で行われました。

# 質 問 と 答 え

## Questions / Réponses

## ——誰でも嘘をつくんですか？

ジャン＝リュック・ナンシー：そうだね。決して嘘をつかない人を見つけるのはとても難しいですね。誰だって一度や二度は嘘をつく。決して嘘をつかず、いつも本当のことを言うようにしている人もいますよ。それで他人との信頼関係が絶たれてしまうこともある。なぜなら面と向かって本当のことを言おうとすると、自分では必ずしもよく知っていないことについても真実を言ってしまったりするからですね。みなさんはたぶんまだ若すぎて、モリエールの『ミザントロープ』という劇作品を学校で勉強したことはないかな。「misanthrope《ミザントロープ》」というのは「人間《アントロポス》が嫌い」という意味。[†1]主人公のアルセストはいつでも本当のことを言おうと決意するけど、そのせいでみんなと仲が悪くなってしまう。私たちにできる範囲ですっかり真実を言うのを可能にしているのは何かというと、信頼です。私と誰かの間に信頼関係があればあるほど、本当のことが言える。モリエールの戯曲はアルセストとセリメーヌの恋愛話を通じて、その例を見せてくれます。誰もが少しは意図して、計算ずくで嘘をつくし、自信をもって真実を言うことは決して誰にもできないんです。

――嘘をつくのに年齢って関係あるんですか？

いいえ。私たちは七歳でも七七歳でも嘘をつくよ。七歳になるよりもっと早いこともあるし、七七歳をずっと過ぎてからもね。さっき、私は子どもの場合と大人の場合について話したよね。子どもでなくなるのはいつなのかを決めるとなると、話は込み入ってくる。それほど明らかなことじゃないから。もしかすると私たちは子どものままでいることを決してやめないのかもしれない。でも、自分の人生を少しは思いどおりにできるようにならなければいけない子どもにとっての環境は、大人の環境と同じじゃないね。それに子どもはしょっちゅう、いたずらや悪さをするけど、それはまさしく、よく言われるように完全には「型にはまっていない」からです。あるいは、周りのみんなに対する信頼関係がある程度可能になる環境にいないからだ、と言う人もいるでしょう。でも、とくに嘘をつく年頃〔âge《アージュ》〕というのはないし、人類史上にもそんな時代〔âge〕はないよ。いつの時代でも、舌はこの上なく良いものでもあり、とてつもなく悪いものでもあると言われてきたんです。舌を使うと話すことができるから良いものだけど、嘘をつくこともできるから悪いものだ、ってね。[†2]

†1　モリエールは一七世紀フランスの劇作家。『人間嫌い』、『モリエール全集』第五巻、ロジエ・ギシュメール・廣田昌義・秋山伸子共編、臨川書店、二〇〇〇年に収録。

†2　一七世紀フランスの詩人ラ・フォンテーヌの『寓話』で、イソップの生涯について書かれた一節が知られています（『寓話』上巻、今野一雄訳、岩波文庫、一九七二年、五〇頁）。ちなみにフランス語でlangue（ラング）は「舌」だけでなく「言語」をも意味します。

——良い嘘と悪い嘘があるの？

うん、それは先ほどちょっと言いたかったことだな。モノプリ〔フランスのスーパー〕で友達が何か盗んだとしよう。警備員が友達をつかまえて、そいつが何か盗ったか君に訊《き》く。君は友達を守るために嘘をつくことができる。友達のことを告げ口するべきじゃないからね。むしろ友達自身が白状するべきだけど、簡単なことではないだろうな。

――宿題《ドゥヴォワール》をしないのは重大なことですか？

ええ、何だって！　それは本当に時と場合によるよ。どんな義務《ドゥヴォワール》？　宿題《ドゥヴォワール》？　学校の成績はどれくらいなのかな？

――分からないけど、どっちかっていうと良い方かな。

じゃあ、時々なら宿題をしないことがあっても大丈夫かな。それ自体は重大じゃないよ。でもいろんな教科の内、例えば数学が苦手だとしたら、努力は必要だね。たしかに、勉強するときあまり苦労せずに宿題を済ませて、それで成績が良いなんて恵まれた人も中にはいる。だけど宿題はしっかりチェックされているから、そうなると状況はこんがらがってくる。まだそこまで深刻というほどではないけど。宿題の話を最初の例として取り上げたのは、宿題が何かみんな知っているし、したことがあるからだよ。

――嘘は泡みたいに真理を包み隠していて、真理を知るためにはその泡を叩いて割らないといけない、みたいな印象があります。

そう、泡を割るんだよね。でもそんなに簡単かな？　泡を割るというのは簡単？　割らなきゃいけない泡の例をもう少し正確に言える？

――例えばお店で何かを盗んで、警察が犯人を捜しているとか。

うん、それが警察の役割だね。警察が泡を割るとすれば、犯人を見つけたときだ。問題は犯人が自首したかどうか、あるいは誰かが犯人を突き出したのか、それぞれの場合に嘘があったかどうか、ということになる。

何らかの真実がある、事実がある、というのはよくあること。君が何かを盗んだら罰せられる、当然だよね。盗んじゃいけなかったんだ。でもこの真実には何か別のものが隠れてないかな？　一度何かを盗っただけじゃ、何も隠れていない。タダで何かがほしくなることはいつでもある。でももし君がそれを続けたら、休みなく繰り返すようになったら、何かがうまくいってないんだ。どうして我慢できないんだろう？　この場合、真実はそうせずにはいられないという点にあって、困ったことになってる。盗むのを我慢できないのと同じくらい、プレイステーションで遊ぶのがやめられないとか、宿題を忘れないようにはできない、というのも厄介なことだよね。

**——嘘はあるけど、真実もときには嘘だったりしますよね。**

うん、たしかにそう。だから君は泡について話してくれたんだよね。泡を割るとまた別の泡が出てくる。だけれども、私なら真理もまた一つの嘘だとは言わないかな。

話はそんなに単純じゃないんだ。嘘があるのは、誰かが話していて、それが実際に起こったのとは反対のことだと自分で知っているとき、そのとき初めて嘘がある。でも真理はおそらく決して最後の真理、究極的な真理というわけじゃないだろう。君が何かを盗むのを我慢できないとか、宿題をしないのがやめられないというのが真理だとして、さらにこの「できない」っていうことの真理とはどんなものなんだろう？　きっとどこか調子がよくないんだ。でもどうして？　例えば、自分でも面倒なことになるって分かっていることをしてしまうのが我慢できないとき、その人にとって何かがうまくいっていないわけだね。こういう不調な状態の真理ってどういうことなんだろう？

——動物は嘘をつくことができますか？

いや、動物は話さないから、嘘はつけないよ。動物は策を用いることはできる。例えばカメレオンは自分が乗っている木の色や葉っぱの色になるよね。これは嘘ではない。カメレオンは「僕は葉っぱです」とは言わないでしょ。

――でもみんなカメレオンが葉っぱだと信じ込みます。

うん、だけど君にそう信じ込ませるのはカメレオンではないよ。嘘〔mensonge《マンソンジュ》〕という言葉が精神に関係していたことを思い出してみよう〔一五頁〕。嘘は話すことのできる精神の内で起こることだね。

――自分自身に嘘をつく、ということはありえますよね。

そう、君が嘘をついて、その嘘が君自身にとって何を表しているのか、本当に知りたいと思っていない、なんてこともある。ひょっとすると、私たちは決して自分自身について真実を知ることができないのかもしれない。自分自身というのは、最も真実を知ることが難しいものなんだね。嘘はたぶんいつも安心や優越感を求めているけど、実は根っこのところでは安全ではないという状態のことだよ。

——友達が何人かで遊園地に行きたいけど、もう一人別の友達が一緒に来るのは嫌だとします。それで、誰々のお母さんの車にはもう席がないよ、って言います。このときの嘘は、どの種類に入りますか？　隠し事の嘘ですか？

その嘘はすごくはっきり、そして率直に、信頼より共感が大切になっていることを表しているね。これはより進んだ隠し事で、君はその友達を騙《だま》すことになる。こうした嘘の真理はどういうものかな？　他人の拒否だ。どうしてその人は仲間はずれにされたのかな？　どうして君たちはその人を仲間外れにするのに同意したんだろうね？

## ――嘘は罰せられないといけませんか？

もちろん、そして真面目にね。嘘にもよるけれど、ともかく当然罰は受けなければいけない。君が宿題をやっていないのにやったと言って、学校で罰を受けなかったとしよう。ああ良かった、君にとってはね、別にどうってことない。だけど嘘をついたのが親や先生にバレていて、罰を受ける場合、君に好き放題させておかないというのは親や先生が正しいんだよ。そうでなければ真理なんてなくなってしまうから。でも、罰というのはまた別の話題かな。

——嘘は真実にもなりえますか?

何か例を挙げてみて。

——頭のいい子が宿題をしてないのにやったと言って、さらに別のことを隠してる。例えばその子は宿題をやったけど、答えを間違ったりミスをしたりした。それでも宿題をしたと言っている、とか。

それほど変わらないんじゃないかな。嘘というのは単にもう少し別の話で、その子が宿題をきちんとやっていないのに、ちゃんとやったよと言うような場合。嘘はあくまで嘘のままだよ。

## ——真理は当然いつも真なのですか？

君は必ず君自身でなければならないかな？　真理は何らかの事実、一つの物だといつも考えられている。私は今、灰色のベストを着ていて、それは本当、真理です。ただ、もし照明を変えたら緑色になるかもしれない。真理のモデルになっているのは事実、私たちが見て触ることのできる現実です。でもあらゆる現実、例えばこのベストとか、私たちがこの会場にいるという事実とか、実際の事物すべては何か別のことにも関係したりするよ。真理の中には純粋に事実から出来ているものもあるけど、それはあまり興味を引くものではない。社会一般にみられる考え方では科学的真理への信頼が大きくて、それは測定とか計量、分析によって得られる真理だね。結局のところ、その真理にはどういう価値があるんだろう？　私たちは脳についてたくさん研究してきて、雑誌にはよくこんなことが書いてあります。「我々は自分たちの感情について の真理を発見した。なぜ我々は怖がるのか、なぜ我々は恋に落ちるのか?」記事ではニューロンと神経伝達物質から感情が湧き出てくると説明されます。で、それから? 恐怖について、恋愛については何も語られていません。私たちは事実の真理に取《と》り憑《つ》かれていて、科学と呼ばれるものの中に途方もない真理があると思っています。科学は多くのことを知っていて、私たちはそれを使うことができる。でも世界の中にいて、生きているとはどういうことなのかという話になると科学は絶対に真理を語ってはくれません。

――誰かに辛い思いをさせないために嘘をつくのと本当のことを言うのでは、どちらが良いのですか？　例えば、私はあなたのお母さんを殺してしまったと言わなければいけないか、それとも、あなたのお母さんが自殺して、私はその場にいたけど何もしなかったって言うか、とか。

君の例だとひどいことを二つ、一気にしちゃってるな。自分がしたことについて偽っているし、それに、その嘘を聞いた相手がとてつもなく不愉快になりかねない行為を、その人のお母さんのせいにしているよ。誰かが自殺してうれしいとはなかなか思わないよね。その例に隠れている君の中の真理ってどういうものだろうな。相当変わった例だからね。別の例だけどこんな話がよくある。誰かが重病に罹《かか》ったら、どのタイミングでそれを伝えるべきだろう？　医者や身内の人たちは、そうしたケース・バイ・ケースでしか解決できない問題に直面することがよくあるんだよね。なぜなら、病状の告知がその人にどう影響するか、身内の人たちがその人とどういう関係にあるか、そうしたことによって答えは変わってくるから。二人の間にとても強い信頼関係があるときは、病気は深刻で手の打ちようがない、と言うだろうね。だけどそれほど親しい関係じゃなかったら、そうはいかない。真実を言うことが、信頼に基づく行為ではなく、暴力的な行為になってしまうかもしれないから。それはそれとして、ともかく、君がさっきの人のお母さんを殺したんじゃないことを願っているよ。

——例えば何かを盗った仲間を他の友達は裏切ることができない、ってさっき言っていましたよね。でも友達が裏切って、告げ口することもありえますよね。

うん、そのとおり。どういう理由でそうするんだと思う？

——例えば、誰にも言わないでねって言って友達に何かを教えたのに、他の人にバラされてしまうなんて場合。その方がためになるとか、白状した方がいいと思ってそうしたりするかな。

どうしてその友達は、君がした悪さを白状してもらいたいんだろう？

――もしも嘘をついたのがバレたら、もっと叱られちゃうから。友達に裏切られたとしても、後でまたその人への信頼を取り戻せることもあると思います。

そうだね。でもたった一度裏切っただけでも、その人が本当は君の親友じゃない、って言うのに十分なんだよね。裏切りの問題というのはみんなの人間関係に関わること。告げ口や裏切りはあまり友情あふれるものとは言えないな。

――今、嘘は人間関係、友達付き合いの可能性に悪影響を及ぼすと言われました。今日《こんにち》、例えばフェイク・ニュースの増加、つまりアメリカ大統領選挙で武器として使われた嘘のように、言ってみれば制度化された嘘が根を張っているように思いますが、それについてはどうお考えでしょうか？　人付き合いの土台としての真理をめぐる合意は、今では壊れてしまっているのでしょうか？

あまりそうは思いませんね。そうしたことが大変広まっているのはよく分かりますし、お互いのあら探しをするのは多少なりとも現代の病でしょう。私たちは無我夢中で相手のあら探しをしますが、何もうまくいきません。虚偽報道〔フェイク・ニュース〕はこれまでも常に存在してきました。なぜ、沸《わ》き立《た》つ虚偽報道にこれほど注目が集まるのか、私はいまひとつ分からないのです。もちろん私たちがいる世界では、あまりに大量の情報がたえず伝播するために、まったくもって矛盾する話ばかりが次から次にまわってきます。こうしてみると、ソーシャル・ネットワーキング・サービス（SNS）は良くもあれば悪くもあります。それを使えば一瞬でコミュニケーションをとることができますし、またどんなことでも拡散できますね。些細《ささい》なことでも注目を集めます。なぜなら私たちは確実な基準がほぼすべて欠けてしまった状況に置かれているからです。私たちには多くの指標が欠けています。私たちがいる世界および時代では、先ほどお話しした「〜主義《イズム》」のどれかを拠り所にして、確固たる想像的・象徴的な指標を示すことは不可能です。ですがそれでもやはり、相応の指標がありま す。例えばご存知のとおり、貧富の差がとてつもなく開いているのは決して良いこととは言えません。格差拡大が悪いことだからというだけではなく、様々な影響を及ぼすからです。同じように、ある程度時間が経ったら石油が枯渇することや、石油とガソリンで動作するものすべてが、すでに非難されていることも周知のとおりです。これだけ確かなことがあるにもかかわらず、私たちはおかまいなしです。様々な利害関係が強力に、完全に嘘をつくようなやり方で作用しているからです。

――それは自分自身への関係としての嘘や、勇気が欠けていることにも関係してきますよね。

勇気の欠如は個人個人には当てはまりますが、社会全体となると問題が出てきます。言ってみれば私たちの社会にとって明らかになりつつあるのは、社会が社会自体に対して嘘をついたということではなく、騙《だま》されていたということです。社会は科学技術の進歩を信じたのですが、今、私たちは少々道に迷っています。この進歩がそれだけでは、どこに向かっているのか分からないからですね。私たちはより良い人類へ向かっていると確信していました。ところが今日、確信できるのはほとんど反対のことです。確信、安心というものはすべて危険になっています。ということは確信を得られなくなっているということになります。子どもにとっては面白い話じゃありませんよね、大人の世界がそんなに安心できるものじゃなさそうだなんて。じゃあ結局、どうして宿題をしなくちゃいけないの？って。こうした現象があまりに巨大なので、分析するには無限に時間がかかってしまうでしょう。

——他人が嘘をついているのを見抜く方法はありますか？

うん、もちろん。ピノキオみたいに、他人の鼻が伸びてるかどうか見るんですよ。

この質問はとても面白いね。私たちはしょっちゅうお互いに嘘をついて裏切っているし、話すときにやたら自信満々だったり、ちょっと吃《ども》ったりするよね。警察が使う嘘発見器はそれなりに成果をあげている。君にセンサーをつないで、話している間の神経反応を分析するんだよ。ということは、ピノキオ君は嘘がつけなくなる、残念。私たちは人を裏切ったことが一度とは言わず

原書の表紙

あると思うけど、でもそういうときはこれほど簡単ではないし、はっきり分かるようにも裏切ったりできないよね。

――真理の見え方は人によって違うと思います。私にはそのテーブルがピンクに見えるけど、友達には赤く見えるって。

どちらかというと赤、かな。友達の方が合ってる。いやいや、そうじゃないよ。……こういう考え方はすごく広まっていて、「～主義《イスム》」の付いた名前で呼ぶことができる。「相対主義〔relativisme《ルラティヴィスム》〕」とか「主観主義〔subjectivisme《スュブジェクティヴィスム》〕」というもので、それによると「誰にでもその人の真理がある〔十人十色〕」らしい。このフレーズはよく知られているけど、とても危険だよ。

――それはピランデッロの演劇作品の題名にもなってますよね。[†3]

そう、だけどこの言い方がとても危険なのは、色んな意味に取ることができるからなんだな。もし私たちが主観主義《スュブジェクティヴィスム》に則って、自分の損得でしか物事を見ず、もしも真理というのが実は際限なく真理が増えていくことだとしたら、そもそも真理について語ることすらできなくなってしまう。私たちは何でも個人の好みの話にしてしまうことはできないね。様々に真理がある中で序列をつけないといけない。このテーブルが君にはピンク、友達には赤く見えるとすれば、それは眼科医の問題で、必ずしも私たちが正さなければいけないことじゃない。反対に、いつものように「私はこう思いますけど」と口にするときは、話が物の見え方や好みでなくなったのなら、自分が何の話をしているのか分かっていなければならない。例えば、「アスパラガスはすごくまずい」って言う人がいるよね。そうなるともう個人の好みの表明じゃなくて、絶対的な判断になる。もし君がニコルは好きじゃない、アリアーヌの方が好きだと言う場合なら、君にはたしかに選り好みをする権利がある。でも、その権利を人について の判断に変えてしまったら、全然そうはいかなくなってしまう。ニコルについても、アリアーヌについても、君自身についても本当のことが分かっていないということになるんだ。私たちが真理と呼んでいるのは――事実の真理、つまり科学的方法で測定された真理でないとすれば――いつも何か絶対に個人的なものかもしれないけど、でも目指しているのはそれを分かち合うことができるってことだよ。好みにかかわる真理、小さくて大したことのない真理だって分かち合うことができる。「趣味と色については議論しないもの〔蓼《たで》食う虫も好き好き〕」という諺《ことわざ》があるけど、何でもかんでも正当化するのに使われてしまうことがある。人間関係や社会や政治について話すときにも使われるんだからね。全部、個人に関わることではあるけど、その人自身はき

†3　『(あなたがそう思うならば)そのとおり』はイタリアの劇作家ルイージ・ピランデッロの戯曲で(一九一七年初演)、フランス語版のタイトルが「誰にでもその人の真理がある(À chacun sa vérité)」。日本語訳は『ピランデッロ戯曲集』第I巻、白澤定雄訳、新水社、二〇〇〇年に収録。

ちんと説明できないといけない。君はどうしてほうれん草が好きなのかとか、この映画があの映画より好きなのかを説明できないかもしれないけど、他人に対する態度については説明できる必要がある。例えば、ある人のことがどうして好きじゃないのか、真面目に説明できなきゃいけない、ってことだね。

## ——良い嘘はありますか？

プラトンは政治に関して、気高い嘘について語ったよ。[†4] そう、事実の真理を隠す良い嘘というのがあって、その目的はより高く、より強い真理なんだ。さっき言ったように、今日フランスでは、保護権を認められていない難民を匿《かくま》った人は警察に嘘をつくかもしれない。強制送還されて命を危険にさらすことになりかねない難民に、それとは別の生き方ができるようにするためにね。一概《いちがい》には言えなくて、時と場合によるけれども。教室に爆竹を投げ込んだ仲間のことで嘘をついて、告げ口しなかった生徒

†4　プラトン『国家』四一四b―c、および三八二c―d、三八九b（藤沢令夫訳、岩波文庫、上巻、二〇〇八年（改版）、二七八、および一八八―一八九、二〇三頁）。

たちの例を振り返ってみよう〔一二三頁〕。校長は私を呼び出して、こう言ったんだった。「ナンシー、君は聞き分けのよい子だ、誰がさっきの爆竹を投げ入れたのか教えてくれるね」。知りません、僕たちは連帯責任です、と私は答えた。そうするのが良いことなんだと感じていたし、ある意味、校長も納得しているみたいだったよ。だけど、やっぱり一般化はできない。有害な結果が生じた場合には、誰が犯人なのかを明かさなくてはならない。いつでも、私たちが何を信頼しているのかを考えてみる必要があるんだ。もし私がラテン語の宿題をしなかったら、私は自分のことを信頼していることになるのかな？　それともラテン語のことなんか全然信頼していなくて、放り出しておきたいと思っている？　さらにまた、どうしてそうなのかを問うてみないといけない。ところで君は何か良い嘘の例を考えていたかな？

――うん、誰かが自分のデッサンがきれいかどうか聞いてきたとして、あんまり上手じゃなくても、私は下手くそだとは言わずに「上手だよ」って答える。

そのときは何が問題になってる？　真理は巧みさとひどさ、美醜《びしゅう》の間にあるんだろうね。でも、そのデッサンの美しさの真理とか醜《みにく》さの真理はどこにあるんだろう？　そんなものはない、とは言わないよ。そう簡単な話じゃない。セザンヌの絵に出てくる人物の足を見てもらってもいいな。アヒルの足に似てるんだ。†5　私たちが普段知覚しているある物とある物が本当にぴったりと似ているってことが、私たちが美を判断するときの基準になっているとしたら、この足は美しくないと言ってもいいだろうね。でも美は真理の規範にはなっていないんだ。君の質問には何か別のことが隠れている。君は他人を傷つけたくないと思ってる。ある意味では正しいね。でも、誰かを傷つけたくないからといって、他人が成長して進歩していくのを手伝いたいという欲望

†5　ここで話題になっている絵画作品は、おそらく《腕を伸ばして立つ男（Homme debout, les bras étendus)》。

ポール・セザンヌ《腕を伸ばして立つ男》（1883 年）

をすべて諦めてしまうのは、やっぱり良いこととは言えない。それは君とその人の関係次第だよ。君は直接「上手じゃない」って言えるほど、その人のことが好きかな？

――ううん。

じゃあ、そんなに好きじゃないのかな。もし十分に好きだとしたら、信頼して言ってあげることもできるよね。その人も信頼してくれて、君の話を聞いてくれるだろうって分かってるから。ともかく、デッサンが全然できない人もいる。社会の中で私たちが動き回っているのは、いわば非常に複雑な嘘の中、挨拶《あいさつ》のための嘘の中だ。「こんにちは」と言うとき、私たちは何を口にしているんだろう？　挨拶をするのは、みんなに対して好意を示す必要があるからだよね。少しも好意がなかったら、人間関係を作る理由すらなくなってしまう。お互いに話すという単純な事実だけでも、すでに挨拶の一つなんだ。「今日《こんにち》は〔bonjour《ボンジュール》〕」というのは、「あなたにとって今日が良い一日〔bonne《ボヌ》 journée《ジュルネ》〕でありますように」という意味だよね。そして沈黙以外の何かを新たに作り出すことでもある。例えば待合室というのはいつでもちょっとびっくりするような場所だな。人々は何も言わずにやって来たり、出ていったりする。でもほとんどの場合、誰かが「こんにちは」と言えば誰かがそれに答える。バスに乗るときは、私は運転手には「こんにちは」と言うけど、他の乗客には言わないな。最近ではバスに乗ると若い人が席をゆずってくれることがよくあるんだ。自分より疲れていて、体の弱い老人にはそうしなきゃいけないって分かってるんだね。

――朝、妹と一緒にバスに乗ることがあるんだけど、お年寄りだけじゃなくて他の大人にも席をゆずっています。

とても良いことだね。ただ、その大人がちょっと歳をとっている程度だったらしないほうがいいな。気を悪くされかねないからね。初めてバスで席をゆずられたときは思ったよ、「なんてこった、そんなに歳をとったのか？」って。今では慣れたけども。いやいや、君は正しいよ。妊娠している女性や、親切にしてあげなければいけないと分かっている人にも席をゆずる必要がある。この「〜しなければいけない」という義務はどこから来るんだろう？　社会全体から、だよ。席をゆずることで、君はこの全体の一部になると自ら認めることになる。だからこれは嘘でもない。私が若かった頃、男の子が女の子にお先にどうぞと言ってあげなければいけないのは、至極当然のことだったんだ。

——心づかいですね。

そのとおり。でも「心づかい〔galanterie《ギャラントゥリ》〕」というのはとんでもない言葉なんだよね。とくに女性に対する礼儀作法の一つであると同時に、女性をたぶらかすのに使える方法も意味するから。つまり自分をよく見せようとする方法であって、ここでも私たちは自分を目立たせるための手段として嘘を使っているんだ。

——私たちはみんな、ちょっと話を膨《ふく》らませたりします。いつもではないけど、時々は。

そうとも言えるし、違うとも言えるな。どんなとき大げさに話すかな？　男女の間の心づかいはとても複雑だよ。そこから男女の色々な関係についてありとあらゆる問題が出てくるから。両性の違いをどう考えるか、とかね。ただ、私たちは大げさに話すと主張するのは難しい。一般的に、動物は心づかいを示したりはしない。もちろん動物の間にも上下関係はあるけれども。君はそうとは知らずに、あたかも多少ニュートラルで基本的なレベルがあるかのように、私たちは大げさに話すと言っているよね。でもそんなレベルは存在しないんだ。現代社会では、挨拶の重要度が上がってきた。ある種の振る舞いによって、他人を劣っているように扱うのはやめなければいけないと考えたからだよ。新しい規範を守っていないと、注意されることがある。あるとき、カフェに入って「コーヒーを一つ、お願いします」と言ったら、店員が「こんにちは、お客さん」と答えたんだ。私は挨拶していなかったわけで、まずはそれを口にするべきだったんだよ。私の若かった頃はそういう礼儀作法ではなかった。こういった振る舞い方は変わってきたんだ。

――嘘と偽善はどう違うとお考えですか？

それほど大きな違いはないと思いますね。偽善というのは何かを隠し、良く見せようとすることです。偽善はある程度の損得に対応していて、はっきりとした方針のもとで立ち回っています。ですからその二つはとても近いものです。偽善は「仮面をかぶって隠れている」という意味で、実際の私たち自身とは別の人の姿をとることです。嘘のもっとも基本的なことは、多少なりとも偽善者でなければならない、ということですね。

# 訳者による解説

今、このページを目にしているみなさんは、すでにナンシーの講演を読み終わったところだと思います。講演の内容や質疑応答についてどんな感想をもったでしょうか。もし、みなさんがその場にいたら、どんな質問をしていたでしょうか。

ナンシーは「嘘の真理」というテーマについて、多くの例や冗談を交えつつ、かみくだいて話しているので、ここで訳者がさらに説明を付け加える必要はなさそうです。テレビやインターネット上の番組で、海外からのゲストの横や斜め後ろに通訳者がいるのを見かけたことがあると思いますが、翻訳者もまた陰で支える存在、いわゆる黒子《くろこ》に徹した方がいいのでしょう。ですが、日本とフランスでは文化の違いがあります。哲学というものが社会の中でどのように、またどのくらい受け入れられているか、といったことも違いの一つです。

そこで、おせっかいとは承知の上で、この本の内容をより深く理解するために役立ちそうなお話をしてみたいと思います。一つ目はナンシーという哲学者について、二つ目は、ナンシーの哲学の中でこの講演がどのような意味を持っているか、そして最後に、もっとナンシーや哲学について知りたい人向けの道案内、です。最後の部分は著作リストになっていますので、途中で紹介した本はそこで確認してみてください。

## 一　哲学者ナンシーについて

ジャン゠リュック・ナンシー（Jean-Luc Nancy）は一九四〇年にフランスのボルドーという街で生まれ、パリの大学を卒業してからはドイツに近いストラスブールという街の大学で長い間教えていました。この講演会に登壇したときには七七歳、フランスの存命中の哲学者の中では最も有名な人物でした。本の元になった「小さな講演会――子どものための啓蒙《リュミエール》＝光」はナンシーの友人である演劇人ジルベルト・ツァイが主催するシリーズ企画で、哲学者以外にも人類学や美術など、さまざまな分野の専門家が登壇しています。ナンシー自身、これまでに神・正義・愛・出発－別れ・欲望・服従といったテーマについて話していて、そのうち愛については日本語訳が出ています（⇩『恋愛について』）。気になった人はぜひ図書館などで手にとってみてください。この講演会そのものについても、訳者の先生によってもう少し詳しく説明されています。

ところで、そもそも「哲学者（philosophe《フィロゾーフ》）」とは何をする人のことなのでしょうか。二〇二一年に八一歳でその生涯を閉じるまで、ナンシーはこの世界のあらゆることについて語り、書き続けました。単著（一人で書いた本）はおよそ七〇冊、そのタイトルから重要な言葉を挙げてみるだけでも、「声」「共同体」「存在」「世界」「意味」「身体」「キリスト教」「デッサン」「肖像《ポートレート》」「民主主義《デモクラシー》」「聴くこと」「性」……と、様々なテーマについてナンシーが考えていたことが分かります。

哲学書を書くだけでなく、美術展の図録や新聞にも多くの文章を寄せていて、それがまた本になったりもしています。日本の原子力発電についての本も日本語に訳されています（⇩『フクシマの後で』）。このようにナンシーは自分の住むフランスにとどまらず、目下世界で起こっている事件や問題から目を背けず、発言を続けました。本書でもアメリカと中東諸国の関係や難民をどう受け入れるかという問題が取り上げられていましたね（⇩一三、二四、七七頁）。そうしたことは単なる「時事問題」ではなく、ナンシー自身の哲学と深く関わっているのです。

少し脱線しますが、フランスではテレビの討論番組に哲学者が出演することは珍しくありませんし、ラジオにも哲学の番組があって、現在ではインターネットでも聴くことができます。また高校では最後の学年になると哲学の授業があり、大学に進学するためには全員が哲学の試験を受ける必要があります（気になった人は「バカロレア（baccalauréat）」という試験について調べてみてください）。もちろんこうした仕組みが出来上がるまでには長い歴史があり、フランスで教育を受ける人全員がこれに賛成しているわけではありません。ただ少なくとも、日本に比べると生活の中で哲学というものに触れる機会が圧倒的に多い、ということは間違いありません。小学校高学年から中学生を主なオーディエンスとしたこの「小さな講演会」が成り立つのも、そのような文化を背景にしてのことだと言えるでしょう。近年では幼稚園を舞台に、さらに年齢の低い子どもたちの教育にも哲学を取り入れる試みがあります。ドキュメンタリー映画『ちいさな哲学者たち』（監督：ジャン＝ピエール・ポッジ&ピエール・バルジエ、二〇一〇年）を観れば、その一端をうかがうことができるはずです。[1]

もちろん、先のような討論番組に出演する学者・研究者は哲学者だけではありません。取り上げられるテーマに応じて、社会学者、ジャーナリスト、作家、医師、法律家、歴史

(1) さらに、小学校での哲学教育をめぐるドキュメンタリー作品、ナーサ・ニ・キアナン&デクラン・マッグラ監督『ぼくたちの哲学教室』（アイルランド・イギリス・ベルギー・フランス合作、二〇二一年）が二〇二三年五月、日本でも公開されました。

学者、物理学者……、一言で言えば「知識人」と呼ばれる人たちが出演します。多くの専門家の中で、哲学者とはどういう人なのでしょうか。他の学者の論じる対象はある程度はっきりしています。私たちの暮らす社会、私たちが使っているメディア、自分たちの体、守るべき法律、等々です。ところが哲学にはそのような対象がないように見えます――「哲」という対象はありませんよね。

ここで、ナンシーが「嘘（mensonge《マンソンジュ》）」という言葉についてそうしていたように（⇩一五頁）、少し語源に遡《さかのぼ》ってみましょう。フランス語で哲学を意味するphilosophie《フィロゾフィー》という言葉は古代ギリシア語に由来します。「フィロ」は「愛すること」を意味する「フィレイン」という動詞の一部であり、「ソフィア」は「知」を意味するので、「フィロソフィア」とは文字どおりには「知を愛する」営みのことになります。と言っても、クイズや雑学のためにただ知識を溜め込んだり、それを披露して景品をもらったりすることだけが「知を愛する」ことではないはずです。

「知」を「思考（pensée《パンセ》）」と言い換えても良いでしょう。ナンシーはこの言葉で、「考える」という人間の根本的な活動を指しました。彼自身、いくつかの本のタイトルにこの語を選んでいるくらいです（⇩例えば、『限りある思考』）。私たちは日々、難しい問題に直面していますが、毎日の人間関係もときに大問題になることがあります。環境問題、戦争、貧富の格差……、そうした地球全体に関わる問題もそうでしょう。ナンシーの講演を追体験しながら、まるで自分のことが書かれていると思った人もいるかもしれません。

そんな大きな問題にぶつかったとき、目を逸らして現実逃避する、例えばゲームをして気を紛らわすといった対処法もあるでしょう。ですが、それは根本的な解決でしょうか。講演では、「宿題をしない状態が続く」という問題の陰にさらに重大な何かが潜んでいるのではないか、と言われていましたね（⇩一一頁）。表に現れている問題の背後に、真の問題が潜んでいないか探求すること、もし真の問題を見つけ出せたなら、どのようにして解決できるか考えること、どれほど難しくても考えるのを決してやめないこと――それが知を愛すること、思考し続けること、すなわち哲学という営みなのではないでしょうか。

ナンシー自身、様々な角度から嘘と真理について思考していました。講演後には話を聴いていた子どもたちがどんどん質問します。その時、ナンシーは問いに対して自分が話した内容を「正解」として提示するわけではありません。子どもたち自身に例を出してもらったり、問いを言い換えてみたり、ヒントを出したりしながら、自分自身で考えるように誘っているようです。ナンシーの答えの部分が、また新たな質問で締めくくられていることもあります。

そうすると、哲学というのは「答えのない学問」なのでしょうか？　大人の中にも時々、そう口にする人がいます。訳者である私もフランスの大学院に留学して哲学を学びましたが、先生の一人が「哲学では答えを出すことよりも、問いを立てることの方が大事だ」と言っているのをたしかに聞きました。

一方ではそのとおりだと思います。先に挙げた環境問題や本書のテーマとなった嘘、さらには「私たちはどういう存在か」、「世界に始まりや終わりはあるのか」、「人間とは何か」といった大問題には、すぐに明確な答えが出せるわけではないからです。それでも状況に合わせて問いを立て、考えることが大切なのは先ほどお話ししたとおりです。

　例えば最後の問いは古代から無数の人々が考え続け、それぞれに答えを提示してきた問いですが、「人間」と言っても、具体的には子どもや大人、一人でいるとき、友達やより大きな集団の中にいるときでは振る舞い方が異なるでしょうし、社会的、政治的、経済的、芸術的……等々、様々な行動の場面によって捉え方が変わってもおかしくありません。同時代だけでなく、やがてこの世界を去っていく人々が次世代の人に何かを遺《のこ》し伝えようとするとき、時間の流れとともに「人間」のうちの何が変化し、何が変わらないのかが問題になるでしょう。

　環境問題を考えるときには、よく「人間」と「自然」が対比されます。そのように対比する場合、「動物」や「植物」はどちら側に位置づけられるのでしょうか？　「人間は動物の一員なのだろうか」、例えばそのように問いを立ててみるなら、先の「人間とは何か」よりも随分と輪郭のはっきりした問題設定ができたということにはなりませんか？　そしてこれは哲学やその他の学問分野が今日なお取り組んでいる重要な課題なのです。

ただ、「状況に合わせて」と言うと、また別の問題が出てきます。問いの答えもそうですが、そもそも哲学というものが考える人の数だけある、ということになりかねません。フランス語の「誰にでもその人の真理がある（À《ア》 chacun《シャカン》 sa《サ》 vérité《ヴェリテ》）」という諺《ことわざ》についての会話を思い出してみてください（⇩七三頁）。何でも好き勝手に自分の好きなことを言えば、それが真理になるのでしょうか？　そうではありません。「答え」となる真理がすぐには見つからないこともあるけれど、だからといって個人の意見がすべて「答え」になるわけではない……。みなさんの日常にもそんな場面があるのではないでしょうか。

## 二　ナンシーの哲学と「嘘」

話はいよいよナンシーの哲学の核心に迫ってきました。ナンシーが講演や質疑応答の中で繰り返していた言葉を思い出してみましょう。「信頼（confiance《コンフィアンス》）」です。他人同士がお互いに、あるいは私が私自身を、どのようにして信頼することができるのでしょう？

人々が関係を維持して一緒に生きていくことはどのようにして可能でしょうか？

少し時代を遡りますが、ナンシーという哲学者が日本を含め世界的に有名になったきっかけとして、「共同体（communauté《コミュノテ》）」というテーマについて考察した一九八〇年代の論文が挙げられます（⇩『無為の共同体』）。「共同体」と言うと硬く聞こえるかもしれませんが、英語ではコミュニティ、日本でも比較的小さな地域社会を指すのに使われたりするので耳にしたことがあると思います。複雑な仕組みの中で暮らす存在である私たちは、生きるために家族、住んでいる市町村、学校、日本という社会あるいは国家、さらには地球という大小さまざまな広い意味での「共同体」に所属していると言えます。そうした一切の関係性から離れて暮らすことは大変難しいでしょう。今日ではインターネット上にも無数のコミュニティがあり、絶え間なくコミュニケーションが行われています。

英語のcommunityとcommunication、アルファベットで書くとはっきり分かるように、この二つの語には関係があって、「共通の（common《コモン》）」という形容詞（フランス語ならcommun《コマン》）がどちらにも含まれています。そうすると、地域社会《コミュニティ》というのは生まれた場所や話す言語など、共通する何かを持っている人たちの集まりであり、コミュニケーションとは「考えていることをお互いにとって共通のものにすること」と考えることができるでしょう。このように、普段人々が一緒にいるときには、お互いを結び付ける「共通の何か」があるのだ、ということが前提とされているようです。たしかにみなさんが家族、友人、街ですれ違う人たちとまったく何も共通するものを感じられないとしたら、世界はとても心細く、不気味で恐ろしいものに見えるかもしれません。

ですが、いつもよく知っていると思っていた友達の考えていることが、ある時まったく分からなくなるとか、家族なのに分かり合えないとか、学校のクラスでも孤独を感じているとか……、そのような経験をしたことがある人もいるでしょう。アメリカと日本、フランスと日本といった遠く離れた国々の間でももちろん問題になりますが、私たちの日常を成り立たせている「共通のもの」とは確かなものなのでしょうか？　スポーツの試合では応援するチームのファン同士が意気投合することがある一方、オリンピックのように規模が大きくなると、途端に「ニッポン」という「共通のもの」がお互いに知らない無数の

「私たち」を熱狂の渦に飲み込んでいきます。逆に、相手チームを応援するファンを「敵」のように感じることもあるでしょう。

集団を成り立たせている「共通のもの」は、「同一性」と呼ばれることがあります。英語では identity《アイデンティティ》、フランス語なら identité《イダンティテ》で、私たちが私たち自身であるための「変わらない何か」のことです。個人にとっても話は同じで、例えば訳者の私であれば、「日本人」「男性」「大人」「関東出身」「教師」……といった特徴が合わさって「私が私であること」を形作っています。(2) それぞれの特徴は「日本人」や「男性」のグループにとっての「集団的同一性」にもなります。ですが私は、遠くに住む、一度も会ったことのない「日本人」や「男性」たちと一体何を共通のものとして持っているのでしょうか。職場である

(2) ちなみに、ネット上のサービスに登録するとき等に目にする「ＩＤ」は identification あるいは identifier の略で、「識別（番号）」のことです。「あなたがあなたであることを証明する」ための印で、これは日常生活にみられる「同一性」の例です。

大学では仕事でしか顔を合わせない人たちと、日々、日本語でコミュニケーションを取っているように見えますが、その人たちと私はいったい何を共通だと感じているのでしょうか？

ナンシーは、共同体についても個人についても、こうした「同一性」が本当に成立しているのかを徹底的に問い直しました。私たちは「同一性」というものを、ずっと変わらない本質的な部分（日本人、女性・男性、人間であること……）のように感じているかもしれませんが、果たしてそれは本当なのだろうか？　そうした共通の何かがなければ私たちは共に生きていくことができないのだろうか？　本書でも話題になったとおり（⇩二四、七七頁）、今日なお、戦争によって生まれた国を追われた難民を受け容れる態勢は世界的に見て十分であるとは言えません。難民に限らず、自分の国に「外国人」がやってくると差別的な態度を取る人がいます。自分と共通の言語や文化を有していない人たちへの排斥運動は、残念ながら日本でもフランスでも続いています。ですが、社会とは、同一性に基づかなければ考えることのできないものなのでしょうか？「共通するもの」が何もないところでは、どのように共同で生きていくことを考えたら良いのでしょうか？　ナンシーが『無為の共同体』という著作で提起したのはこうした問いでした。

本書『嘘の真理』では共同体の問題は正面から取り上げられていないように見えます。ですが、私たちの関係を成り立たせているのが「信頼（confiance）」であることは、共同体と無関係ではありません。自分の話している相手は嘘をつくかもしれない、だけど、とにかく話ができるという根本的な信頼関係がなければ、そもそも会話が始まりません。この本もまた、大切なことが書かれているだろうという基本的な信頼がなければ、あなたは手にとって読むこともなかったでしょうし、きっとこの解説まで読み進めてはくれなかったと思います。見知らぬ本の著者と読者という、ほとんど関係のなかったところに関係が生まれるためには何が必要でしょうか？　この問いは「共同性を持たない人たちの共同体」という先ほどの大テーマに通じています。

こうした「同一性に基づく共同体とは別の共同体」は、「グローバル社会」と呼ばれたりする現代世界では、とてもありふれたもののように見えるかもしれません。言葉や文化を異にする大勢の人が、日々世界中を移動し、交流し、それによってときには軋轢《あつれき》が生じたり、またときには思いもよらぬ出会いが生まれたりします。ただ、その一方では、インターネットを通じて一瞬で情報が世界中を駆けめぐり、いわゆる先進国ではどこの国でも同じようなライフスタイルが定着しているように、価値観の画一化が指摘されることもあります。その意味では国際的な貨幣経済、一言で言えばお金のネットワークが作る同一性に世界は支えられています（⇩二九頁では「一般的等価性」と呼ばれていたものです）。

こうした世界を「共同体」と呼ぶことができるとして、今なお伝えられる戦争のニュースからも分かるとおり、そうした世界‐共同体は非常に脆《もろ》いもの、とても不安定な土台の上にどうにか築かれているものだとも言えます。それでもなお、世界中の人々がこの共同体を維持しながら日々生きています。そのような私たちのありさま、私たちの存在そのものをナンシーは「分有（partage《パルタージュ》）」と呼びました。普通、フランス語でパルタージュは「分け前（part《パール》）」を持つこと、つまり「分かち合い、共有」を意味します。英語で言えば「シェア、シェアリング」がこれにあたります。

例えばここにケーキがあって、それを人数分に切って分け合うことがパルタージュです。みなさんが進学や就職で家を出たら住む部屋を探す必要がありますが、もしかしたら友人とルームシェアして暮らすことがあるかもしれません。食べ物や部屋の場合、あらかじめ分けるための何かがあります。

ところが「世界」を分かち合うとはどういうことでしょうか？　世界だって私たちが生まれてくる前から存在していて、その一部を分け合って（取り合って？）いるじゃないか、と思うかもしれません。ですが、ここで言う「世界」はナンシーや、彼に影響を与えたドイツの哲学者マルティン・ハイデガーの考え方を参考にしています。彼らによれば世界とは「意味のネットワーク」のことです。私たちはお互いに関係し合って生きていて、仲が良いだけでなく、喧嘩《けんか》をすることも関係の一つです。また椅子や机、文房具や携帯電話というさまざまな道具は「何かのため」という意味のつながりを形づくっています。それらは自然のまま、最初からそこにあるのではなく、いわば「関係する存在」である私たちが保ち続けているものです。

そうだとすると、「世界を分かち合う」ときの私たちはむしろ、そうしたネットワークの一部となっている、と言ってもよいでしょう。あるいは、私たちは「分かち合われた」状態で生きている、と言った方が正確かもしれません。ナンシーの使う「パルタージュ」という言葉は、「共有」「分割」「分かち合い」「分有」などと訳されますが、いずれにしても「共通する何か」がはっきり存在していないのに、私たちがそれでもかりそめの「共同体」として存在している状況を意味しています。

本当なら関係の上で成り立っているものを、あたかも自分だけの所有物のように扱うとき、分かち合いは不可能になるでしょう。世界中の富や資源、土地、あるいはみなさんの心の中にあると思われている「感情」は、分かち合うことができるでしょうか？　こうしたことは実は本書の「質問と答え」の一部に関係しています（⇩七五頁）。そこではこの言葉は強調されていませんでしたが、物ではない真理を分かち合うことが、私たちの人間関係や社会を維持していくためになぜ必要なのか、考えるヒントになるはずです。

ナンシーは私たちの言葉や会話の中に真理がある、というだけでなく、会話が真理の中にある、という言い方もしていましたね（⇩三五頁）。この本で言われている真理は単純に○か×かで判断できるものでもありませんし、普段は隠れているものが明るみに出てくる、というだけのものでもありませんでした。ぜひ何度でも読み直し、みなさんご自身の問題として考えてみてほしいと思います。

ここで翻訳について少し補足させてください。まず本書のタイトルにもある「真理（vérité《ヴェリテ》）」は「真理、真実、本当のこと」を意味します（英語のtruthに相当します）。訳文では主に「真理」と「本当」の二つで訳し分けていますが、原文では同じ言葉です。これに対応する形容詞のvrai《ヴレ》（英語のtrue）も同じように、文脈に合わせて訳し分けました。

すでに日本語訳のある『恋愛について』では、講演の後で質問した子どもの性別が添えられていましたが、その他の「小さな講演会」にはそうした記載はありません。年齢も示されていませんので、あくまで訳者が推測して、口調を丁寧にしてみたり少しくだけた調子にしたりしています。また、質問者が変わったと思われるところでページをあらためました。後半の二人の質問者はおそらく子どもと一緒に来ていた大人だと判断したため、ナンシーの応答も少し硬く訳してみました。原稿の見直しの段階でジルベルト・ツァイさんから録音データをいただくことができたので、ある程度、文章に講演会の様子を反映させてみましたが、完全にお伝えすることはできません。真剣であると同時にとても和やかな会場の雰囲気を想像しつつ、読んでいただけたら幸いです。

最後に「誓い・信仰（foi《フォワ》）」と「信念（croyance《クロワイヤンス》）」の区別についてです（⇩二六頁）。通常のフランス語ではこの二つの語は類義語として用いられます。いずれも宗教上の信仰を指すことがありますし、その他の生活上の信念も意味します。ということは、この二つを異なる概念《コンセプト》として区別するのはナンシーのオリジナルな考え方だということになります。明確な対象があってそれを信じるのとは異なる「誓い・信（foi《フォワ》）」について、より専門的な著作で語られていたことが（⇩例えば『脱閉域』、二九、五一、一〇〇、三〇二頁。『アドラシオン』、一三五、一九三頁以下）、ここでは具体的に、身近な例を交えて語り直されていると言えるでしょう。

講演を依頼されれば自らの健康の許すかぎり世界のどこにでも向かったナンシーは、日本も三度にわたって訪れています。訳者の私には、「世界」に対する根本的な「信」がナンシーという哲学者の思考を駆り立てているように見えました。そうした哲学者の話しぶりが少しでも伝われば願いつつ、この小さな解説を終えることにします。

## 三　読書案内

本解説で触れた著作を中心に、ごく簡単に紹介します。ナンシー自身の著作の中でも、比較的読みやすいものから並べてあります。書店で見つからないときはぜひ図書館を訪ねてみてください。ナンシーだけでなく、多くの思想家による書物との出会いが待っているはずです。

・『恋愛について』メランベルジェ眞紀訳、新評論、二〇〇九年。

本書と同じく「小さな講演会」シリーズの一冊。読みやすい翻訳と身近なテーマで、哲学入門としてもおすすめの本です。講演の最後に触れられる「信頼」の話は、そのまま本書に関係しています。また同シリーズから、ベルナール・スティグレールという哲学者の『向上心について――人間の大きくなりたいという欲望』（新評論、二〇〇九年）が同じ訳者によって翻訳されています。その他、この講演会とは少し違った雰囲気ですが、やはり若い読者向けに「一〇代の哲学さんぽ」という入門シリーズがあるので（全一〇冊、伏見操訳、岩崎書店、二〇一〇―一七年）、気になったテーマから、気軽に手にとることができます。

・『侵入者――いま〈生命〉はどこに？』西谷修訳編、以文社、二〇〇〇年。

移植手術を受け、他者の心臓によって生きることになったナンシーが自らの体験を綴《つづ》った小品。新たなテクノロジーを用いて他者とともに生きること、現代社会における生死、そしてあらためて「私」とは何かが考察の対象となります。

・『フクシマの後で――破局・技術・民主主義』渡名喜庸哲訳、以文社、二〇一二年。

日本の原発事故、それに伴って生じた世界的な災厄について、広い視点から考えるための洞察が提示されています。

・『無為の共同体——哲学を問い直す分有の思考』西谷修・安原伸一朗訳、以文社、二〇〇一年。

何も共通のものを持たない人々の間で、どのように共同体を考えたら良いのでしょうか。困難ながら重要であり続ける問いは、この書物を手にした世界中の人々によって受け継がれています。

・『限りある思考』合田正人訳、法政大学出版局、二〇一一年。

私たちはいつまでも生きているわけではなく、すべてを瞬時に把握できる知性を持っているわけでもありません。そのような「限りある＝有限な」存在であることを、どのように考えたら良いのでしょうか。骨太な哲学的論考が並びますが、哲学に親しんだ人なら、収録論文「粉々の愛／輝く愛」あたりから挑戦してみるのも一つの手でしょう。

・『思考の取引――書物と書店と』西宮かおり訳、岩波書店、二〇一四年。

この訳書『嘘の真理』では分かりやすさを重視したこともあり、ナンシーの「話し言葉」の再現を試みてみました。しかし、やはり哲学書というのは難しいもので、何度も繰り返して読まなければ、著者の言いたいことがつかめません。そもそも「本」というものが、安易に理解されてしまうのを拒むのかもしれません。本訳書は「ル・リーヴル（le livre）」（＝本）という新しいシリーズに加えていただくことになりましたが、ナンシー自身が「本」をめぐって、またその難しさや愉しみについて語った一冊もここに加えておきます。本とその背景にある文化まで丸ごと味わいたい人に。

・『ジャン＝リュック・ナンシーの哲学――共同性、意味、世界』西山雄二・柿並良佑編、読書人、二〇二三年。

ナンシー没後、日本で行われたシンポジウムの書籍化。より詳しい著作目録や年譜については、この冊子の巻末付録をご覧ください。

・ジャック・デリダ『言葉にのって――哲学的スナップショット』林好雄・森本和夫・本間

邦雄訳、ちくま学芸文庫、二〇〇一年。

ナンシーは一〇歳年長のジャック・デリダという哲学者と深い友情で結ばれており、デリダが提唱した「脱構築」という哲学的スタイルを、ナンシーは自分なりに受け止め、実践してみせました。それが解説で少しだけ触れた宗教論『**脱閉域——キリスト教の脱構築1**』（大西雅一郎訳、現代企画室、二〇〇九年）と、その続編『**アドラシオン——キリスト教的西洋の脱構築**』（メランベルジェ眞紀訳、新評論、二〇一四年）です。そのデリダもまた「嘘」について多くを語っています。このインタビュー集に収められた「政治における虚言について」は、本書からさらに進んで考えたい人のガイドを務めてくれるはずです。そのインタビューの前提になっているのがデリダによる別の著作『**嘘の歴史　序説**』（西山雄二訳、未來社、二〇一七年）です。

・イマヌエル・カント「**人間愛から嘘をつく権利と称されるものについて**」谷田信一訳、『カント全集』第一三巻、岩波書店、二〇〇二年（「人間愛からの嘘」として収録）。

古代から哲学は嘘について考え、「人を騙《だま》そうとする意図をもったもの」、あるいは

「人に害を及ぼすもの」など、いくつかの考え方を示してきました。ここでは一八世紀ドイツの哲学者イマヌエル・カントの有名な論文を紹介しておきましょう。「人殺しに追われている人を匿った場合、その人殺しが家にやってきたら「いない」と嘘をつくのは正しいか」という問いに、カントは「正しくない」と答えます。「嘘をついてはいけない」というのは社会を成立させるために、どんな場合であっても破ってはいけない大原則だからです。ですが、これはあまりに厳格すぎるというので、その後の哲学者たちの間でも大いに議論を呼ぶことになりました。みなさんの中にも驚いた人がいるかもしれません。ですが、一つの嘘が特定の誰かを騙したり傷つけたりするかどうか、というだけでなく、私たちの根本的な「信頼」に関わっているとしたら……。この論争は本書を通じて、現代まで続いていると言えます。

最後に、本書は以下の全訳です。

Jean-Luc Nancy, *La vérité du mensonge*, Bayard, 2021.

# 訳者あとがき

この本が出来上がるにあたっては、誰よりもまず編集者である岡林彩子さんに感謝を述べねばなりません。『恋愛について』という、すでに素敵な翻訳のある「小さな講演会」シリーズの一冊を自分が訳すという勇気を振り絞ることができたのは、ひとえに岡林さんのお誘いがあったからに他なりません。お話をいただいたときは、亡くなったナンシーを追悼するいくつかの企画の準備に追われていましたが、学術的な論文や著作とは違うテイストの本書を日本語圏の、とくに年少の読者に届けることもまた、ナンシーが示してくれた友情へのささやかな返答の印になるのではと思い、お引き受けした次第です。この訳書が「小さな講演会」の、そしてナンシーの意を十分に伝えるものになっているとすれば、すみずみまで訳文を検討してくださった岡林さんのおかげです。

ナンシーは即興で行われた講演の書き起こし原稿に手を加えることはあまり好みませんでした。とくに本書は逝去後の出版という事情もあってか、いくつかの箇所にはかなりくだけた言い回しや、文字だけでは意図がつかみにくい文や表現が残っていました。訳者の疑問に丁寧に答えてくださったシルヴィ・ボォ＝小林先生にも、あらためてお礼を申し上げます。もちろん、訳文に誤りや読みにくい箇所が残っているとすれば、ひとえに訳者の責任であることは言うまでもありません。

最後に私事を記すのをお許しください。出版されて間もない『恋愛について』の原書を私が手にしたのは、フランスで子どもが生まれた頃でした。同書には親から子へのとても温かい、けれど少し寂しい愛についての一節があり、親になることを学び始めたばかりの私はめまいを覚えながら読んだことを思い出します。

月日は流れ、中学生になった娘がそのシリーズの最新刊の訳稿に目を通し、読みにくい箇所を直してくれたと言ったら、どこか遠いところに行ってしまったジャン＝リュックも、きっと喜んでくれるに違いありません。かつてフランス出張のお土産に「お菓子のカヌレが食べたい」と娘からリクエストが来た話をしたら、「日本の小学生がカヌレを知っているのか⁉」と驚いていた彼に、もう一つ、今度は小さな哲学者のエピソードを贈ることができそうです。

訳者の越権行為ながら、父の勝手な人生の都合でフランス風の名前を持つことになったくろえにも感謝を記しておきます。

二〇二四年四月

柿並良佑

## ジャン=リュック・ナンシー（Jean-Luc Nancy）

一九四〇―二〇二一年。フランス・ボルドー生まれ。ストラスブール・マルク・ブロック大学名誉教授。哲学者。
主な著書に『無為の共同体』（以文社）、『神的な様々の場』（ちくま学芸文庫）、『自由の経験』（未來社）、『共同‐体《コルプス》』（松籟社）、『ミューズたち』（月曜社）、『複数にして単数の存在』（松籟社）、『世界の創造あるいは世界化』（現代企画室）、『イメージの奥底で』（以文社）、『否認された共同体』（月曜社）など多数。

## 柿並良佑（かきなみ・りょうすけ）

一九八〇年生まれ。東京大学大学院総合文化研究科博士課程単位取得退学。山形大学人文社会科学部准教授。専門は、現代フランス哲学、表象文化論。

主な著作に、『ジャン=リュック・ナンシーの哲学』（共編、読書人）、「哲学と〈政治〉の問い」（『21世紀の哲学をひらく』齋藤元紀・増田靖彦編、ミネルヴァ書房所収）など。

主な訳書に、ルイ・サラ‐モランス『ソドム』（共訳、月曜社）、ピエール・ブーレッツ『20世紀ユダヤ思想家』第一巻（共訳、みすず書房）、フィリップ・ラクー=ラバルト&ジャン=リュック・ナンシー『文学的絶対』（共訳、法政大学出版局）など。

le livre

# 嘘《うそ》の真理《ほんと》

二〇二四年　五月一四日　第一刷発行

著者　ジャン＝リュック・ナンシー

訳者　柿並《かきなみ》良佑《りょうすけ》


発行者　森田浩章

発行所　株式会社 講談社
東京都文京区音羽二丁目一二―二一　〒一一二―八〇〇一
電話（編集）〇三―五三九五―三五一二
（販売）〇三―五三九五―五八一七
（業務）〇三―五三九五―三六一五

KODANSHA

装幀者　森 裕昌

本文印刷　株式会社 新藤慶昌堂

カバー・表紙印刷　半七写真印刷工業 株式会社

製本所　大口製本印刷 株式会社


ISBN978-4-06-534715-7　Printed in Japan　N.D.C.130　115p　19cm

## 世界樹

もとは北欧神話に出てくる世界を支える樹。
宇宙樹という。
世界の中心に幹を伸ばし、枝葉は世界を覆う。
根は三本あり、それぞれ人間界、巨人界、冥界に伸びている。
根のそばの泉で神々が毎日集い、様々なことを協議し、審判を下す。
生と叡智、思惟の象徴。

## le livre

フランス語で「本」を意味する《livre》に定冠詞《le》をつけた「ル・リーヴル」は、講談社選書メチエの中に新たに設けられた特装版シリーズです。従来の講談社選書メチエの枠を超える形式やテーマを試みたり、物質としての本の可能性を探ったりします。

今あらためて「本というもの」を問い直すために——。

# 講談社選書メチエの再出発に際して

講談社選書メチエの創刊は冷戦終結後まもない一九九四年のことである。長く続いた東西対立の終わりはついに世界に平和をもたらすかに思われたが、その期待はすぐに裏切られた。超大国による新たな戦争、吹き荒れる民族主義の嵐……世界は向かうべき道を見失った。そのような時代の中で、書物のもたらす知識が一人一人の指針となることを願って、本選書は刊行された。

それから二五年、世界はさらに大きく変わった。特に知識をめぐる環境は世界史的な変化をこうむったとすら言える。インターネットによる情報化革命は、知識の徹底的な民主化を推し進めた。誰もがどこでも自由に知識を入手でき、自由に知識を発信できる。それは、冷戦終結後に抱いた期待を裏切られた私たちのもとに差した一条の光明でもあった。

その光明は今も消え去ってはいない。しかし、私たちは同時に、知識の民主化が知識の失墜をも生み出すという逆説を生きている。堅く揺るぎない知識も消費されるだけの不確かな情報に埋もれることを余儀なくされ、不確かな情報が人々の憎悪をかき立てる時代が今、訪れている。

この不確かな時代、不確かさが憎悪を生み出す時代にあって必要なのは、一人一人が堅く揺るぎない知識を得、生きていくための道標を得ることである。

フランス語の「メチエ」という言葉は、人が生きていくために必要とする職、経験によって身につけられる技術を意味する。選書メチエは、読者が磨き上げられた経験のもとに紡ぎ出される思索に触れ、生きるための技術と知識を手に入れる機会を提供することを目指している。万人にそのような機会が提供されたとき初めて、知識は真に民主化され、憎悪を乗り越える平和への道が拓けると私たちは固く信ずる。

この宣言をもって、講談社選書メチエ再出発の辞とするものである。

二〇一九年二月　野間省伸

講談社選書メチエ　le livre

MÉTIER